ちくま新書

英語教育はなぜ間違うのか

山田雄一郎
Yamada Yuichiro

519

英語教育はなぜ間違うのか【目次】

まえがき　007

序章　**ことばは武器か**　011
グローバル・リテラシーと英語／イラク戦争と英語支配／言葉は諸刃の剣／武器の獲得と英語教育

第一章　**国際化＝英語化？**　023
国際交流は英語で？／共通の土俵にのせること／国際人の条件？／コスモポリタンと国際人／英語教育と国際理解／教育現場の混乱／コスモポリタンの思想

第二章　**バイリンガルになりたい！**　055
バイリンガルとは何か／言語能力の捉え方／言語の表層部と深層部／言語と経験／間接経験の大切さ／バイリンガルの頭脳／バイリンガルは幸福か／言語と文化／バイリンガルはバイカルチュラルか

第三章　英語公用語論と日本人　089
英語公用語論再訪／英語公用語論の論理／英語は国際共通語か／日本語は捨てる？／公用語の環境／循環論法／多言語社会と多言語主義／バイリンガルとイマージョン／英語公用語論とこれからの英語教育

第四章　小学校に英語を！　123
理念なき小学校英語／ヨーロッパ言語年／アジア諸国の動き／日本の対応／中学英語の前倒しはいけない？／反対者の言い分／早ければ早いほどよい？／小学校で教えるべきは

第五章　熱烈歓迎！　ネイティブ・スピーカー　163
ある母親の断念／ネイティブ・スピーカーでなければ／ＡＬＴの要件／ＡＬＴたちのとまどい／曖昧さのつけ／ネイティブ・スピーカーは誰？／ネイティブ・スピーカー払底／古代の外国語学

習法／軍事プログラムとしての外国語教育／神話誕生／ネイティブ・スピーカーの活用法

終章　英語は教えられるのか　215
「教えること」と「学ぶこと」／私の勧める勉強法

あとがき　234
参照文献　237

まえがき

この本は、英語教育の世界に広がっている誤解や思い込みに焦点をあてたものである。

ここで言う英語教育の世界とは、直接には、中学校や高等学校などの教育現場を指している。ただ、英語が世界の人々によって特別視されている今日、この肥大化した言語に対する思い込みは、単に英語教育の世界にとどまらなくなっている。英語教師はもちろんのこと、世間一般も、英語に英語以上の何かを期待して止まない。誤解や思い込みは、そうした人々の期待の中に滑り込み、いつの間にか、われわれの英語に対する見方を支配するようになっている。そのようにして生まれる偏見がどのようなものなのか、この本は、その問題に答えるために書かれたものである。

本書全体は、国際化、バイリンガル、英語公用語論、小学校英語、ネイティブ・スピーカーの五つの章を中心に、序章と終章の全七章から成っている。各章では、われわれの心に巣くっていると思われる偏見を一つ一つ取り上げ、そうした偏見が生まれる原因をつきとめ、それよって歪められている教育上のさまざまな問題を、絡《から》まった糸を解きほぐすような気持で丁寧に論じたつもりである。

執筆に際しては、各章の内容を独立させながら、同時に、全体を一貫した考えのもとに統一するように心がけた。読者の側に立っていうなら、どの章から読み始めてもよいようになっている。ぜひ、興味を持ったところから読んでいただきたい。どの章にも、読者が驚くような意外な視点が盛り込まれているはずである。

いま、どの章から読んでいただいてもよいと述べたが、各話題は、思いも寄らない繋がりを持っている。一見別物のような問題が、実際には、その根っこのところで相互に強く結びあっているのである。結果的に、個々の問題についての誤解や思い込みは、相乗効果をもって働くようになり、合わさって強力な偏見を生みだすことになる。そして、現在の英語教育を押し進めている勢力やそれを支えている思想が、こうした偏見から自由であることは難しい。

読者は、各章を読み進むうちに、問題の所在と共に、問題相互の関連性を理解するはずである。その点から言えば、本書は、読者にとって一種の謎解き、例えばジグソーパズルのような効果も持っている。

論述に際しては、できるだけ専門用語を使わないよう心がけた。また、取り上げたテーマは、論争的性質のものが多いため、論理的でわかりやすい記述になるように注意したつもりである。ただ、問題の性質上、私の論述が、なるほどそうかと読む人全てを納得させるとは思っていない。読んで私を非難する人が現れることも覚悟している。英語教育を取り巻く問題は、いま、実に複雑になっているのである。しかし、この本を読んで、なるほどそうであったのかと喜んでくれる人もきっとあるだろう。そんな人が一〇人でも一〇〇人でも現れれば、私としては嬉しい限りである。

序　章

ことばは武器か

†グローバル・リテラシーと英語

「武器としてのことば (language as a weapon)」という表現を耳にすることがある。この比喩的な言い回しがいつ頃からのものか、知らない。ただ、雄弁術あるいは弁論術と政治の結びつきは古い。弁論術の発生は、紀元前五世紀のギリシアに遡《さかのぼ》られるという。その後、プラトンの批判を経てアリストテレスによって完成され、キケロによって政治の舞台に引き出された。第二次世界大戦をはさんでは、言語は政治的・思想的プロパガンダの道具と見なされた。言語と政治の関係に注目したイギリスの作家、ジョージ・オーウェルGeorge Orwellは、このテーマについていくつかの論文を残しているが、なかでも全体主義における言語統制の怖さを扱った小説『1984年』*Nineteen Eighty-Four* はよく知られている。そこでの言語は、まさしく、大衆を支配し、敵を欺き、相手を倒すための武器として描かれている。

オーウェルの作品から、五〇年以上が経過した。今日、この比喩は、どのような意味をもって使われているのだろうか。「地球村」(グローバル・ビレッジ)という言葉が使われ始めたのは、八〇年代の終わりである。東西冷戦は、一九八九年をもって事実上の終止符が打たれた。以来、市場経済が旧社会主義国や開発途上国にも広がり、経済的な開放と統合が加速した。その結果、人間の往来はもちろん、商品、サービス、資金、技術、さらには企業の合併や買収などさまざまなものが地球規模で活発な動きを見せるようになった。われわれは、経済を中心にしたこの新しい動きをグローバリゼーションと呼んでいる。

いま、言語は、グローバリゼーションを生き抜くために必要な武器と考えられている。二〇〇〇年一月、「21世紀日本の構想」懇談会が、『日本のフロンティアは日本の中にある』と題する報告書を提出した（第三章にて詳述）。その総論（第一章）で強調されたのが、「グローバル・リテラシー」という考えである。報告書は、これに国際的対話能力という訳語を与え、新しい時代に生きる日本人は、「世界へアクセスする能力」と「世界と対話できる能力」を備えていなければならないと訴えた。

いずれにしても、グローバル・リテラシーとは耳慣れない言葉である。その訳語も、また、わかりにくい。報告書は、次のように説明している。

グローバル化は、旧来の制度、慣習、既得権などにとらわれない時代の到来でもある。そこでは、個々人が国境を越えて新たな挑戦に挑む機会が大きく広がる。

しかし、そのためには情報を瞬時に自在に入手し、理解し、意思を明確に表明できる「世界へアクセスする能力」「世界と対話できる能力」を備えていなければならない。個人がそうした能力、つまり「グローバル・リテラシー」（国際対話能力）を身につけているかどうかは、彼または彼女が21世紀の世界をよりよく生きるかどうかを決めるだろう。国民が「グローバル・リテラシー」をものにしているかどうかは、21世紀の国際政治における国のパワーの増減、さらには興亡をも決めるだろう。「グローバル・リテラシー」の水準の低い国には優秀な人材が寄りつかない。水準が高い国には世界中から人材が集まる、という現象が起こるに違いない。

　この能力の基本は、コンピュータやインターネットといった情報技術を使いこなせることと、国際共通語としての英語を使いこなせることである。（傍線は筆者）

報告書の言うグローバル・リテラシーの概念は、およそ掴めたと思う。ここで注目していただきたいのは、傍線部分である。報告書は、グローバル・リテラシーを新しい時代の基本能力と位置づけ、その中身を情報技術の操作能力と国際共通語としての英語力と捉えている。この時点で、英語はグローバル・リテラシーと結びつけられたのである。そして、報告書の方向性がこれからの英語教育に対して与える影響は、決して小さくない。

　物事が地球規模で交流する今日、言語力を重視し、それを育むことが大切だという意見について異存はない。これからの日本は、相手の言葉によく耳を傾けると同時に、自らの意志を相手に分かる言葉で明確に伝えなければならない。そのために日本人が言語の能力を高めることは、大いに必要だと考えている。

しかし、その言語力とは、必ずしも英語の力を意味しない。相手に分かる言葉で伝えるとは、自分の考えを論理的に表現するという意味であり、どの言語を用いるかは本質的な問題ではない。われわれがまず為すべきことは、日本語できちんと考え、相手が理解できる表現で論理的に意志を伝える能力を養うことである。

世界を相手にするとき、何よりもまず優先させなければならないのは、論理である。よく、気持が通じ合えば言葉は要らないと言うが、その場合の気持とは、個人的な感情を指しているのではない。通じ合う気持とは、我意を離れたところに生まれる論理のことである。世界との交際は、互いに価値観の異なる者同士の交際である。相手に分かる言葉で語るのは、言うほど簡単なことではない。偏見のない世界観と感情に流されない判断力が大切である。「世界へアクセスする能力」「世界と対話できる能力」とは、そのような世界観と判断力のことであって、ある特定の言語を手に入れることとは別な問題である。報告書は「世界と対話できる能力」を英語力と捉えているが、英語は表現手段に過ぎない。「世界と対話できる能力」とは、世界を視野に入れた、公平で堅固かつ柔軟な視座である。手段を目的と取り違えて、進むべき方向を誤ってはならない。

†イラク戦争と英語支配

英語は、世界にアクセスし、世界と対話するためのパスポートだと言われれば、なるほどそうかと頷《うなず》く人も多いと思う。言語は、たしかに、コミュニケーションの道具である。しかし、コミュニケーションの中身を決めるのは、言語ではなく、それを用いるわれわれ自身である。世界の共通語と呼ばれる英語も、その用途はさまざまである。

アメリカは、共和国の時代から帝国の時代に移ろうとしているのか。英語は、再び、帝国主義の言語になろうとしているのか

これは、エッジ Julien Edge の「新帝国時代の英語」と題する論文（二〇〇四）のなかに見られる言葉である。アメリカの帝国主義が顔を出しているとされる場所は、イラクである。そして英語は、そのイラクを統治している暫定《ざんてい》統治機構の共通言語である。エッジは、「暫定統治とその権力委譲が終わったとき、イラクには英語があふれているだろう。英語なくして帝国主義は維持できないのだから」とも言っている。私は、英語帝国主義的な議論を好まないし、右の一事をもってアメリカの英語帝国主義政策云々と非難するつも

りもない。ただ、現実の英語はこのような働きを持ち、このように用いられる可能性があると言いたいだけである。念のため申し添えておくが、エッジ論文は、英語ネイティブ・スピーカーに対して、英語教育についての自覚と認識を深める目的で書かれたものである。イラクの例は、その引き合いに出されているに過ぎない。

事を大袈裟に言うつもりはないが、グローバリゼーションが世界の新しい統一形態だとすると、この統一には装いを変えた帝国主義の一面がある。帝国主義を、かりに、軍事・経済力による領土拡大競争を柱とした大国家主義であるとしよう。グローバリゼーションは、地球上のあらゆる地域の相互連絡や相互依存を意味しており、帝国主義でいう世界統合を目的とするものではない（ジョン・トムリンソン John Tomlinson『文化帝国主義』、青土社、一九九七）。しかし、現実に生まれているものは、世界の新たな階層化である。どのような統一も、それが統一である限り、中心となる力を必要とする。現在のグローバリゼーションの中心勢力は、アメリカである。インターネットと英語はその尖兵《せんぺい》である。その点から見れば、言語は現代の兵器であり、英語は最も優秀な武器ということになる。

†言葉は諸刃の剣

英語がグローバリゼーションを生き抜くための優秀な武器だとすると、それによって勝ち取ろうとするものは何だろうか。よりよく生きると言うが、それはどのように生きることなのか。グローバル・リテラシーの低い国に優秀な人材は集まらないと言うが、それは、現在の日本に優秀な人材が少ないという意味なのだろうか。グローバリゼーションの波に乗り遅れた国は、将来どのようになるというのだろう。

グローバリゼーションは、単一の価値観を生みやすい。それは、世界のチェーン店化という側面を持っている。マクドナルドは、その典型例である。マクドナルド化が生みだす問題の本質は、ハンバーガーが他の食べ物を駆逐するという表面的な変化にあるのではない。ジョージ・リッツア George Ritzer（一九九九）は、マクドナルド化を「ファストフード店の諸原理が世界の国々の、ますます多くの部門で優勢を占めるようになる過程」と定義した。リッツアの言うファストフード店の諸原理とは、効率性、計算可能性、予測可能性、制御の四つである。このように考えると、グローバル・リテラシーとは右のような変化に対応できる能力とも言えそうである。

言語は生存競争の手段であり、英語はその最も優秀な武器であるという考えは、各国に広がりつつある。英語国はもちろん、非英語国までもが英語の利点を強調し、英語能力の欠如を重大視する。世界は、こぞってこの競争に参加しようとし、また、参加することを当然視するところがある。報告書も、「日本の戦略課題」という言葉を用いて英語習得の必要性を強調している。

しかし、この捉え方は、果たして正しいのだろうか。英語で世界と渡り合うと言うが、英語を武器に闘うのは危険である。英語は、強力な武器のように見えるが、それを使いこなし、それで自分の身を守るのは並大抵のことではない。英語を基準に物事を判断するのでは、非英語国が英語国の前に立つことは不可能である。われわれが英語で彼らに勝てるとは、到底思えない。また、このような争いで生まれるのは、英語国を頂点とした階層化だけである。

われわれに必要なことは、誰を相手にしても堂々としてひるまない心構えである。英語コンプレックスとか西洋人崇拝という言葉で一括りにされないで済むような偏見のない態度と価値観を育てなければならない。英語が話せれば、たしかに便利である。自分の考えを世界の人に伝える機会も増えるだろう。しかし、その英語よりも大切なものは、伝えるべき内容である。優れた武器も、使い方を知らぬまま振り回したのでは、我が身を傷つけることになりかねない。歯に衣着せぬ評論で知られた山本夏彦は、現代日本人を揶揄《やゆ》して「にせ毛唐《けとう》」と繰り返した。「にせ毛唐」とは穏やかでないが、山本の主張はもっともである。彼は、日本人が日本人としての姿勢を見失っているのを腹立たしく思ったのである。自分たちの言語や文化を犠牲にしてまで西洋人に同化したがる日本人を嘆いたのである。

†武器の獲得と英語教育

義務教育の目的は、社会の求めるものに直接応じることではない。義務教育を、職業訓練と同列に扱ってはならない。仮に、英語が国際社会を切り抜けるための武器だとしても、それはあくまでも考慮すべきことであって直接の目的にすべきものではない。義務教育は、学習者が将来必要とするかも知れない諸能力を身に付けるための準備期間である。十分な基礎訓練こそ大切にすべきで、いたずらに断片的知識を増やすことを目的にしてはいけない。

多くの人は、英会話能力を絶対視して、それこそが社会的な成功の鍵だと思いこんでいる。それは、言い換えるなら、多くの人が自らの英会話力不足を劣等感に結びつけているということでもある。これは、誤った考え方である。英会話力などという特殊能力の有無をもって人を判断してはならない。第一、どんなに勘が鋭い人の場合でも、英会話能力だけが身につくなどということは起こらない。日本語であれ英語であれ、その会話力を支えるのは、生活の土台を形成している自分自身の経験である。日本語を通してのしっかりとした基礎知識やものの見方が備わっていなければ、英語で表現すべき考えも生まれてこない。

ことばは武器であるという比喩は、明快で力強い。現代人を説得する魅力も持っている。しかし、比喩には、常に一定の嘘が入り込んでいる。そしてその嘘は、ときにプロパガンダの性格を帯びることがある。それは、場合によっては、新しい強迫観念となってわれわれに降りかかってくる。

日本人と英語の関係で言うと、ことばが武器であり英語が新しい時代を生きるための道具だという考えは、一種の強迫観念として作用する面を持っている。これからの日本人は英語ができなければならないという漠然とした思い込みは、かえってわれわれの英語学習を視野の狭いものにする恐れがある。学校英語教育の目的を英会話能力などに限定してはいけない。外国語の学習は、もっと豊かなものにつながっている。英語を丁寧に学習すれば、それまで見えなかった日本語が見えてくる。英語という言語が持っている広い世界は、われわれのものの見方に新しい視点を加えてくれる。それは、英会話の暗記学習では得られない刺激的で魅力にあふれた世界である。学校英語教育が英会話学校のまねごとになってはならない。その目的は、学習指導要領にある通り、正しく「コミュニケーション能力の基礎を養う」（傍点は筆者）ことに置かれなくてはならない。

第一章

国際化＝英語化？

単純に(外国で)プレーする選手が増えただけで国際化とはいえない。マリナーズ・長谷川投手のように英語で直接コミュニケーションできる人材が増えて初めて、本当の国際交流が始まる(カッコ部分は、筆者による補足)

これは、『日本経済新聞』(二〇〇二年七月四日付朝刊)の「言葉の壁超える人材を」と題した小さなコラムの中に現れた文章である。これを書いたのは、元プロ野球選手のT氏である。

ここには、われわれの陥りやすい錯覚が隠れている。英語と国際化が結びつけられるようになったのが、いつの頃のことなのかはわからない。ただ、この種の思い違いは、日本人の心のどこかに潜んでいて、事あるごとに顔を出す癖がある。たとえば、小学校の国際理解教育がそうである。二〇〇二年の英語導入を前にして、研究開発学校に指定された小学校ではいろいろな試みが重ねられていた。その一つが国際理解教育であるが、その実践を支える論理が、やはり怪しげなのである。和田稔の報告(一九九六)によると、「国際理解教育」と銘打って行われた授業は、すべて、国際理解とは何の関係もない英語の授業であったという。

英語は、たしかに、国際的に広く使われている言語である。世界の共通語と呼ぶ人もいるくらいで、その勢力は他の言語を圧倒している。英語を国際化や国際理解と結びつけるのも、わからなくはない。しかし、それは、正しい理解なのであろうか。英語が使えなければ、本当の国際交流には参加できないのだろうか。英語を話せれば国際人と考えている人もいるようだが、その認識は間違っていないだろうか。

日本のプロ野球では、英語でコミュニケーションをとる外国人選手が大勢活躍している。もしT氏の言っていることが正しいとすると、彼らは、存在するだけで国際交流を実践していることになる。一方、長谷川投手ほど英語ができない松井選手やイチロー選手は、いつまでたっても真の国際交流に参加できないことになる。カブレラやアリアスに許されている通訳も、松井やイチローでは、国際交流の妨《さまた》げになるというわけである。これは、少し変である。それとも、日本では日本語を話せ、日本語でコミュニケーションを行ってこそ真の国際交流だと、T氏は彼らに正しく要求してくれるだろうか。

国際交流とは、そんなに厳しい条件を必要とするものではない。国際交流という言葉の意味は、文字通り、人や物が国を越えて行き来するということである。英語などの手助けを借りなくても、誰でも参加できるごく普通の交流の一つに過ぎない。たしかに、共通の言語があれば便利である。しかし、その言語を英語に限定して、英語ができなければ本当の国際交流ではないなどと思い込む必要はない。英語に無用の飾りを付けて、その飾りに自分たちが惑わされてはつまらない。

われわれは、英語と聞くとつい特別扱いをするところがある。「英語コンプレックス」や「白人コンプレックス」などの表現は、われわれが、英語とそれを取り巻く世界を特別視してきたことを端的に示している。いずれにしても、英語に無用な肩入れをしたり、理由もなくこれを避けることは止めなければならない。どちらも卑屈な態度であることに変わりはなく、結局、英語に対する目測を誤らせることになる。

ところで、現在のグローバリゼーションの流れは、英語にとってはまたとない追い風になっている。世界は、英語をその尖兵《せんぺい》と認めてくれている。英語のネイティブ・スピーカーは、その事実だけで強力な武器を手にし、そのために一歩も二歩も先んじていると考えられている。しかし、本当にそうだろうか。彼らは、本当にわれわれよりも有利な位置に身を置いているのだろうか。

事実は、必ずしもそうではない。イギリス人やアメリカ人であるというだけで、何か特別なことが起こるということはないのである。彼らには、彼らの不安があり、彼らは彼らで、自分たちの思い描く安心を求めているのである。いま、イギリスは、EUの一員として、ある不安に向き合っている。EUの多言語主義は、これまで英語に頼り切っていたイギリス人にとって、大きな懸念材料となっている。イギリス・ハル大学現代語学科長のタルボット博士 Dr. George Talbot は、次のように警告している(ウェイド Graham Wade 二〇〇一)。

イギリス人は英語が広く話されているため、他の言語の必要性をあまり認識していない。英語しか話せないイギリス人は、二つ以上の言語を流暢《りゅうちょう》に操る外国の人たちに比べて明らかに不利であり、国際競争の上で危険な立場に置かれている。

これは、自分たちの目の前で回り始めたEUという大きな歯車を意識しての発言である。事実、ヨーロッパの多国籍企業の多くは、少なくとも三つ以上の言語を操れる人材を求めている。ところが、その対応が最も遅れているのは、他ならぬイギリスである。ヨーロッパは、すでに、英語を超えたところで物事を捉え始めているが、英語の優位に慣らされてきたイギリスは、新しい決断に踏み切れないでいる。しかし、これからの世界が、今まで通り彼らを遇してくれるとは限らない。自分たちの足下《あしもと》を見直すときが、イギリス人の上にも訪れているのである。

国際交流とは、文字通り、人や物が国を越えて行き来することである。それ以上でも、それ以下でもない。そこに英語を持ち込むのは、便利のためである。持ち込まれる言語が英語である必要はないのだが、たまたま使い勝手がいいから、多くの人が利用しているのである。しかし、選んだ道具に振り回されるようでは、本末転倒である。英語を英語以上の何かのように見るのは、見当違いである。国際交流に、卑屈な心や横柄な態度は禁物である。互いの立つ位置を、言語によって決めてはならない。彼我《ひが》の立つ位置に最初から差があるのでは、T氏が言う本当の国際交流はいつまで経っても始まらない。

†共通の土俵にのせること

英語と国際交流の不用意な結びつきについては、今指摘した通りであるが、それでは、どうしてこのようなことが起こるのだろうか。私は、「国際」という言葉の理解の仕方にその原因があると思っている。

国際は international の、国際化は internationalization の訳語である。『広辞苑』(第五版)は、国際を「諸国家・諸国民に関係すること」と説明している。「際」には「交わり」とか「出会う」という意味があるから、国際という訳語はなかなかうまくできていると言える。ついでながら、international の古い訳語は「万国」で、こちらは、万博（万国博覧会）や万国旗などにその名残《なごり》をとどめている。

では、国際のもとである international は、英語の辞書でどう説明されているだろうか。英米の代表的辞書から、その定義を拾ってみよう。カッコ内は、拙訳である。

Connected with or involving two or more countries
（二つ以上の国に関係のある、あるいは二つ以上の国を巻き込んだ）

—— *The Concise Oxford English Dictionary*, 10th edition

Between or among nations; involving two or more nations
（二国間の、あるいは多国間の、二つ以上の国を巻き込んだ）

—— *The Random House Dictionary of the English Language*, 2nd edition

右に見るとおり、英語辞書の定義は、ごく中立的なニュアンスしか伝えていない。しかし、日本語の「国際的」や「国際化」には、なぜか一種の力《りき》みがつきまとう。日本語の国際化は、「何かをどうかしなければならない」というニュアンスを帯びているが、internationalization には、そのような切迫感はない。「何かを多国間の共通の土俵に上げること」という、言葉そのままの意味しかない。

かつて、日本のある総理大臣が、「これからの日本は国際化に向けて努力しなければならない」という意味のことを述べたことがある。もう一〇年以上も前のことである。これを聞いたイギリス人の友だちが、「何が言いたいのかよくわからない」と感想を洩《も》らした。あなたの場合は、どうだろうか。私も含めて、日本人の多くは、この総理大臣の言葉を何気なく聞き流すような気がする。「国際化に向けて努力する」——具体的に何をどうするのかはわからなくても、とにかく、日本と日本人の努力が求められているのだと漠然と解釈して済ませるのではないだろうか。そして、英語と国際交流の不用意な結びつきは、この漠然とした解釈にどこかで関係しているのではないだろうか。

国際とは、互いの関係である。一方が出向いていって何かをするということではない。国際化とは、何かを共通の土俵に上げるという意味で、自分をそこに送り出して値踏みを求めることではない。「国際化」は、「自動車市場の国際化」とか「国際化する石油戦略」というふうに用いるべきもので、単独では具体的な意味にならない言葉なのだ。ところが、われわれのいう「国際化」は、右の総理大臣の言葉に見るように、しばしば単独で現れる。そのため、具体的な意味が失われ、国際化の方向が曖昧になってしまう。われわれは、その曖昧さに具体性を与えるために、国際化に勝手な意味を補ってしまう。

総理大臣の言葉の意味は、友人のイギリス人には伝わらなかった。しかし、私には理解できた。総理大臣が「これからの日本は国際化に向けて努力しなければならない」と言ったとき、私には、その国際化すべきものが日本であり日本人であることがわかっていた。イギリス人の友人には、総理大臣が何を国際化しようとしているのかがわからなかった。それが、日本であり日本人であるとは、思いも寄らなかったのである。

われわれの国際化は、どこか曖昧で、どこか後追い的である。共通の土俵に上げる対象が日本であり日本人であるのは、いかにも変である。「現代は、国際化の時代である」と、そこまではいい。だが、国際化されるべき対象がわれわれ自身だというのは、どう考えてもおかしいのではないだろうか。

そしてもう一つ、国際化には、共通の土俵ではなく、特定の物差しを求めているようなニュアンスも濃い。田中克彦（一九九三）が、次のようなことを言っている。


大いに問題になったのは、「国際化」論議における、この語そのものの概念である。国際化は、かつては「植民地化」と一致し、日本では、欧米主義的近代化と一致し、また最近では「アメリカ化」とあまり変わらない面ももっている。（八二ページ）

読者は、この指摘をどう受け止めるだろうか。私は、日本人の心には、いまも第一には、西欧がありアメリカがあると思っている。われわれの国際化には、漠然とした西欧憧憬とその具現としてのアメリカがつきまとっていると思っている。総理大臣の言葉を聞き流せるのは、国際化すべきものがわれわれ自身であり、その物差しをアメリカに求めているからではないだろうか。国際化に英語を持ち出すのは、それを使うのがアメリカ人だからではないだろうか。いや、そうではない、国際化に英語を持ち出すのはそれが世界の言葉だからだ、と訂正を求める人もいるだろう。しかし、果たして、それだけの理由だろうか。もしそうであり、われわれが力まずに字義通りに国際化を理解しているとすれば、T氏や総理大臣の言葉はどのように解釈したらよいのだろう。

日本人は、「国際化」という言葉を、何か高い目標のように考えているのではないだろうか。自分たちは、世界(=西欧やアメリカ)に後れをとっている、早く彼らと肩を並べたい——このような思いに駆られているところがあるように思う。T氏や総理大臣の心にある共通の土俵とは、西洋人、アメリカ人が用意した土俵である。そこでの戦いのルールも、やはり、彼らの作ったものである。

私は、何よりも、われわれ自身のこのような姿勢を改めなければならないと考えている。

われわれは、国際化に英語を持ち込んだり、その基準を西洋やアメリカに求めようとする先入観から、まず解放されなければならない。英語やアメリカから自由になって、世界に通用する公平な視点を手に入れることが大切である。国際化の中に自分たちを閉じこめるのをやめて、もっと楽な姿勢で世界を見ることこそが真の国際化なのでは、と考えている。

†国際人の条件？

われわれは、ともすれば、国際と英語を結びつけようとする。その理由は、はっきりはわからない。先ほど、国際という言葉に不要の思い入れがあり、かつ国際化の基準をアメリカや英語に求めていることをその理由にあげたが、それが的を射ているかどうかはわからない。ただ、それを間接的に証明するような話が、もう一つある。それは、国際人という言葉の捉え方である。

国際人という言葉は、もともとその概念がはっきりしないところがある。現在でも、どんな人が国際人かと聞かれると、返答に困る人が多いのではないだろうか。辞書の定義も、わかったようでわからないところがあり、未だに曖昧さを残している。国際人のもとになる国際という言葉は、大槻文彦の『言海』（一八八九〜一八九一）にも入っているから、使われ始めてすでに百年以上になる。これに対して、国際人の歴史は浅い。この言葉が『広辞苑』に初めて採用されるのは、第四版(一九九一)からで、第三版(一九八三)では未収録である。ただ、『日本国語大辞典』(一九七四)にすでに見られることから、八〇年代にはかなり使われていたと考えてよいだろう。

言葉の来歴はこの位にして、問題は、その意味である。われわれ自身が、この言葉をどのように解釈しているのかを、辞書の定義から想像してみよう。次の引用は、手近にある辞書から五点を選び、その定義を年代順に並べたものである。

国際的に有名な人。広く世界に通用する人　(『日本国語大辞典』小学館、一九七四年)
国際的に著名な人　(『広辞林』第五版、三省堂、一九八一年)
広く国際的に活躍している人　(『広辞苑』第四版、岩波書店、一九九一年)
国際的に活躍している人。世界的に有名な人。また、世界に通用する人
(『大辞泉』小学館、一九九五年)
広く世界に活躍している著名な人。教養や語学力があって、世界に通用する人
(『大辞林』第二版、三省堂、一九九五年)

このように、辞書の定義をただ並べるだけでも、これまで気づかなかったことが見えて

くる。引用の定義に従えば、日本人が考えている「国際人」は、次の⑴〜⑶のいずれかの条件を満たせばよいことになる。

世界で／国際的に——⑴活躍する／⑵有名である／⑶通用する

右に取り上げた辞書の定義は、これらの三条件をすべて含んでいるものもあれば、その一つだけをあげた簡単なものもある。総じて、新しい定義ほどより具体的であると言える。その中で目立つのは、『大辞林』の定義の後半部である。私が調べた限りでは、国際人の定義に教養や語学力を持ち込んだ辞書は、他に見あたらなかった。

辞書は、利用者から見れば、意味や用法を知る手段であるが、編集者の立場で考えれば、その時代の語法や意味を正確に記述するためのものである。その点から言えば、『大辞林』編纂時には、日本人の間に、「教養や語学力があって、世界に通用する人」という国際人のイメージがある程度定着していたことになる。それは、少なくとも、辞書に採用するのに十分なほど普及していたと考えてよいだろう。

ところで、これらの定義は、いま問題にしている英語と国際化の結びつきにどう関わってくることになるのだろうか。私がこれらの定義で注目するのは、「教養や語学力」もさることながら、むしろ、「活躍する」さらには「通用する」という表現の方である。先ほど抜き出した三つの条件で言えば、(1)と(3)である。これらが国際人の条件として妥当かどうかは、さしたる問題ではない。重要なのは、われわれが、国際人として世界に「通用する」ためには、右のような条件を備えていなければならないと思っている点である。この点は、英語と国際化の結びつきを説明する鍵になる。それをはっきりさせるためには、表現を逆さにして見るとわかりやすい。

日本人は、「世界で活躍している人」あるいは「世界に通用する人」を国際人と考えている。(①)

←

日本人は、「世界で活躍している人でなければ」あるいは「世界に通用する人でなければ」国際人とは考えていない。(②)

①は、辞書の主旨をわれわれに引き寄せて文にしたものである。また、②は、同じ内容を否定文で書き直したものである。私は、われわれの考える国際人にはどこかこのような前提がつきまとっているのではないか、と思っている。もちろん、日本人が皆、①→②の

思考順序を辿っているというわけではない。われわれの普段の言葉遣いは、辞書の定義とは違って、もっと漠然としている。

しかし、われわれが漠然と感じている国際人のイメージには、①→②で示したような心の動きがどこかで関係しているような気がしている。国際的に通用する教養や語学力を備えていない日本人は、まだ国際人とは言えない――われわれの考えや行動には、どこか、このような気持が働いているのではないだろうか。

私は、辞書の多くが「活躍する」や「通用する」という表現を使ったところに、日本人の国際人に対するイメージの方向が凝縮されていると考えている。『大辞林』の説明が、「教養や語学力」と「通用」を結びつけていることは、さらに暗示的である。日本人は、何かの弾みに、国際人という新しい概念を生みだし、さらに、その言葉に教養や語学力を期待するようになった。それは、結果的に、日本人の国際交流や国際化に思いがけない影響を与えるようになっている。われわれがT氏の文章や総理大臣の言葉にさほど違和感を覚えないですむのは、この点に関係があると思うが、読者はどうお考えになるだろうか。

†コスモポリタンと国際人

英語には、日本語の国際人にあたる言葉はない。したがって、先ほど辞書に見たような国際人の捉え方もない。とくに、国際人を語学力に結びつけるような発想は、どの辞書にも見つからない。

では、国際人は、英語で何と表現すればよいのだろうか。ここまでの話から、すぐに思いつくのは、an international (person) である。しかし、これでは、「諸国を渡り歩く(人)」位の意味しか無く、具体的にどんな人なのかは全くわからない。そのため、この表現は、「国際的スポーツ競技の選手」といったような限定された意味しかなく、日本語の国際人にはあてはまらない。国際のもとである international という語には、「有名な」とか「活躍している」、「通用する」などの意味はない。もちろん、教養や語学力とも無縁である。和英辞典なども、国際人の英訳として an international (person) を挙げるものはない。用いられている訳語は、およそ次のようなものである。

a cosmopolite; a citizen of the world (『新和英中辞典』第五版、研究社)

citizen of the world; cosmopolitan person; internationally-minded person; people of cosmopolitan character; person with an international outlook (『英辞郎』、アルク)

この二つの辞書には、いろいろな言い換えが紹介されているが、それらの意味内容は、ほぼ同じである。ここに見られる語句には、「世界の住人」とか「国際的な視野や考え方を身につけた人」といった意味は読みとれるが、「(教養や語学力を身につけた) 世界に通用する人」というニュアンスは、全くない。つまり、右に紹介した英語は、国際人の訳語でありながら、いずれも日本語の国際人の概念を正しく反映していないのである。しかし、これは、英訳の仕方が悪いのではない。もともと、英語には、日本語の国際人に相当する概念がないのである。英語でよく似た言葉といえば、右の二つの辞書でも使用されている cosmopolitan だが、この語のイメージは、日本語の国際人のイメージとはかなり違っている。この語は、ギリシア語の kosmos (= world) と politēs (= citizen) がもとになっており、「世界の人」という意味である。英語の達人斎藤秀三郎は、この語に対して、「世界の住人」に加えて、「一視同仁の (人)」という訳語を与えている (『熟語本位英和中辞典』、研究社)。「一視同仁」とは、「親疎の差別をせず、すべての人を平等に見て仁愛を施す」(『広辞苑』第五版) という意味である。国際人と cosmopolitan の違いがよくわかると思う。

国際人の意味は、一見明瞭だが、改めて考えると、どこか焦点の合わないもどかしさがつきまとう。それは、国際人に限らない。国際化や国際理解にも、同じような摑み所のなさがある。私は、国際人の定義に「教養」や「語学力」が持ち出された背景には、この摑み所のなさが関係していると思っている。国際化の基準を外に求めたり、英語を国際人の条件と考えるのは、その曖昧さを形あるものにしようとするからではないだろうか。international という語には、「二つ以上の国に関係のある」という無機的な意味しかない。

ところが、それが「国際的」という日本語に移されると、どういうわけか「教養」や「語学力」という「人間」が入り込む。そして、この「人間」は、いつも西洋的であり、アメリカ的なのである。われわれの心から、西洋やアメリカに対する一方的な思い入れを消し去るには、まだしばらく時間がかかりそうである。

もっとも、英語教育の立場から言えば、時間がかかるのは歓迎できない。英語は、日本人のほとんどが学んでいる。英語に対して無用の思い入れが働いているとすれば、できるだけ早くこれを取り除かなければならない。英語を特別視するのではなく、無数にある言語の一つに過ぎないことを、まず認識すべきである。その上で、自分の英語学習の意味を、教師の側から言えば英語教育の意味を、改めて考えることが大切である。進学や外国人との交流を目的に挙げる人もいるが、そうした目的は、その場限りの性格のものである。われわれは、受験英語や場当たり的な会話学習の不首尾を、すでに十分すぎるほど経験している。試験はただの通過点に過ぎないし、人が外国人と英語で話す機会など、生涯に何度もあるものではない。言語を学びとるためには、長い時間が必要である。英語学習にかりそめの効果を期待して、その長い時間を浪費してはつまらない。

私は、言語を学ぶのは、自分たちの心を未知の世界に解放することだと思っている。もちろん、学ぶ言語が英語である必要はない。どの言語にも、われわれの知らない世界が隠れている。そして、その世界の向こうには、さらなる未知の世界が広がっている。言語の学習は、こうした未知の世界とのふれあいであり、入学試験や英会話といった即物的な意味以上のものを含んでいる。われわれ一人ひとりの経験には限りがあり、その限られた経験に基づいた判断は、無自覚の偏見に満ちている。われわれの「国際人」が教養や語学力に縛られているのは、そのよい例である。英語教育の目指すものは、英語力の向上だけではない。このような偏見からわれわれを解放することも、英語教育の大切な目標である。国際化の時代と言われて久しいが、新しい時代の英語教育は、生徒たちの心に真のコスモポリタンを育てることにも意を注がなければならないだろう。

†英語教育と国際理解

以上見てきたように、英語と国際化のイメージ的な結びつきは強い。そしてこの結びつきは、英語教育と国際理解を重ね合わせることによって、今後ますます強化されようとしている。この傾向は、以前から見られたものであるが、小学校で英語が扱われ始めてからは、ますますはっきりしたものになってきた。平成十（一九九八）年公示・平成十四（二〇〇二）年施行の小学校学習指導要領には、「総合的な学習の時間」の取り扱いに関して、次のような一文が見られる。

国際理解に関する学習の一環としての外国語会話等を行うときは、学校の実態等に応じ、児童が外国語に触れたり、外国の生活や文化などに慣れ親しんだりするなど小学校段階にふさわしい体験的な学習が行われるようにすること。

国際理解という言葉は、すでに、一九七二年の学習指導要領に見られるが、それが盛んに使われるようになったのは、およそ九〇年代以降のことである。国際理解教育という新しい用語も、そのころから目立ち始めた。もっとも、この用語は、学習指導要領では使われていない。また、小学校にそのような授業科目があるわけでもない。この言葉は、英語と国際理解を結びつけるなかで、いつの間にか使われ始めたものである。雑誌『英語教育』の一九九〇年四月号に「国際理解教育をどう進めるか」という特集が組まれているから、少なくとも、一五年くらいは使われている計算になる。ただ、長く使われてはきたが、国際化や国際理解についてのわれわれの認識が改められたというわけではない。ここまでの論述で指摘した曖昧さや思い込みは、国際理解教育のなかにも引き継がれている。

国際理解という言葉は、小学校だけでなく、中学校や高等学校の学習指導要領にも、何度か用いられている。最近の教育では、国際理解を育むことが中心テーマの一つになっているのである。そうした中、小学校への英語導入は、その手段の一つとして位置づけられている。これは、中学校や高等学校でも同様で、どちらの学習指導要領も、内容の取り扱いに関して、「広い視野から国際理解を深め、国際社会に生きる日本人としての自覚を高めるとともに、国際協調の精神を養うのに役立つこと」と定めている。

私は、国際理解を英語教育に結びつける必要を認めないし、実際の指導の中で二つを結びつけてはいけないとも考えている。しかし、このところの動きは、その逆を向いており、「英語でできる国際理解教育」がまじめな検討の対象になっている。もちろん、賛成者ばかりではなく、その不合理を訴える意見も少なくない。ただ、両者の議論は、なかなかかみ合わない。国際理解の捉え方が違うからである。肝心の出発点が別なところにあるため、議論が、ともすれば平行線を辿ることになるのである。

一般に、賛成派は、国際理解の対象を諸外国、諸文化の生活習慣や行動様式などの形式面に求めて、日本との違いを取り上げる傾向がある。ハローウィンやチマ・チョゴリを紹介するのは、その典型的な実践例である。これに対して、反対派は、そのような単発的な国際理解や文化を英語教育と結びつけることの無意味さを強調する傾向がある。反対の代表的な理由には、次のようなものがある。

小学校への英語教育導入に賛成する意見の中でもっとも多いのが、「国際理解教育として効果がある」という理由である。そこで、次のことをしっかり確認しておきたい。英語を通しての「国際理解」は、実際は「アメリカ理解」、あるいは「イギリス理解」なのである。少し拡大して考えれば、「英語国理解」である。つまり、英語で韓国を理解しましょうなどとは厳密にはいえないのだ。(中村敬、一九九七)

そもそも、国際理解のためにどうして英会話が必要なのでしょうか。いまや海外情報は世間にあふれています。CNNニュースをほとんど二四時間見ることもできる時代です。国際理解=英語というのは、(中略)圧倒的な情報格差のある海外から知識・情報を受け入れることがなによりも大事であった時代の考えです。「縦型英語」「受け入れ型英語」という古い時代に必要であった考え方です。(茂木弘道、二〇〇一)

これらの反対意見を見れば、国際理解をめぐっての論点がどのあたりにあるかおよそ明らかになる。英語と国際理解を結びつける必要はないとする私の立場については、すでに述べた。私は、なによりも、国際理解を目的にすることに賛成できない。国際理解は、いろいろな勉強の結果であればよいと思っている。この意見の意味については、これからの論述で明らかになるだろう。

また、第二章で詳しく述べることになるが、言語と文化の関係を整理して示すのは簡単ではない。両者は、一体でもあり別物でもあるのだが、われわれは、そのような詮索を日常に持ち込まない。とくに、それを教育の対象とする場合、両者を別物と捉え、扱いやすい形にしておく方が便利である。その結果、アメリカ文化や韓国文化が断片化され、バラバラになった項目が国際理解教育の材料として用いられるのである。国際理解教育を推進する人たちは、この問題をどのように処理しようとしているのであろうか。

†教育現場の混乱

英語教育と国際理解教育を結びつけるような提案は、とくに九〇年以降の英語教育関連の文献に多く見られる。しかし、国際理解は、教育の理念としてはふさわしいが、教育の具体的対象にはなりにくい。そのため、離れたところで議論しているうちはよいが、国際理解を教えようとすると途端に窮地に陥ってしまう。これまでに提案された指導法も、理念に振り回されたところが目立ち、大がかりな文化教育という印象のものが多い。次の一～四は、ある高校教師の考えた国際理解教育の実践項目である。ここでは、便宜のため、原文の要点を箇条書きに改めて紹介している。

一、文化理解に関するもの
取り上げるべきテーマ――(例) 制服、喫煙、生徒の車による登校、薬物使用
活動方法――(例) ＡＬＴ(外国人指導助手)による紹介、リスニングによる内容把握

二、自国理解を扱ったもの
取り上げるべきテーマ――(例) ＡＬＴの日本についてのイメージ、日本料理、世界遺産
活動方法――(例) ＡＬＴからのコメントをもとにしてのやりとり、デモンストレーションによる紹介

三、人権に関したもの
活動方法――(例)英文の読み物
四、世界の諸課題を扱ったもの
取り上げるべきテーマ――(例)世界の難民、戦争、子供の労働、女性差別
活動方法――(例)ユニセフなどに用意されているビデオやパネル、英文の資料などの活用

ここには、一見して、理念的なテーマとそれにそった実践内容を結びつけようとする工夫が読みとれる。この教師の努力を認めるにやぶさかでないが、だからといって、これを支持することはできない。ここで示されている作業の多くは、英語がかなり使えなければ簡単には取り組みにくい。たとえば、日本料理を作りながらそれを英語で説明するとあるが、そのような作業が普通の授業でできるとは思えない。あるいは、薬物使用の話をALTから聞いたとして、授業の中でどのように扱えばよいのだろうか。もちろん、それだけを取り上げれば、扱い方は工夫できるだろう。しかし、英語の授業という本筋を離れない

ことが大前提だとすると、ここに紹介されているテーマや方法はだれもが利用できるというものではない。つまり、テーマや方法が、片手間に紹介するといった域を超えているのである。それを正面切って扱えば、英語の授業でなくなる恐れがあり、英語の授業の中で取り上げるとすれば、上滑りな内容となる可能性が高いのである。さらに、英語の授業で人権や労働の問題まで取り上げる必要があるのか、という疑問も捨てきれない。

見落としてはならない点が、もう一つある。それは、文化を項目的に捉える方法には最初から無理があるという点である。先ほどの実践案には、薬物使用や日本料理以外にも喫煙とか戦争などの項目が見られるが、このような捉え方では対象は際限なく拡大する。国際理解はアメリカやイギリスだけが相手ではないはずだから、この方法で世界を相手にすれば、英語の授業時間で捌《さば》ききれないのは目に見えている。やむを得ず、アメリカやイギリスを中心にと言うのでは、先ほど引用した中村の非難をかわすことはできない。また、国際理解が断片的なニュースのように語られるのであれば、優れた情報媒体が利用できる今日、それを英語教育に頼る必要はないという茂木の指摘もその通りということになる。

国際理解を教育の理念として謳《うた》うのはよい。しかし、それを具体的な教材に加工して、「これが国際理解です」と差し出すのは不自然である。このあと触れることになるが、私は、国際理解を断片的な知識の集積と捉えていない。国際理解とは、自分を取り巻く世界をどのように認識するか、その捉え方、すなわちものの見方のことだと思っている。その意味から言えば、国際理解は、教室にALTを連れてくることではないし、英語文化の断片的紹介で達成できるものでもない。しかし、現実には、多くの学校で、国際理解がまじめな教育対象となり、英語教師は、その対応に知恵を絞っている。堀部秀雄（一九九八）に、異文化理解教育を批判した次のような文章が見られる。

円滑なコミュニケーションのためには、文法や語彙の知識だけでなく、言語の背景にある文化（大文字のCulture［伝統的芸術、文学など］と小文字のculture［生活文化］でいう分け方をすれば明らかに後者）への理解が重要だというわけである。そのような指針のもとでは、教育実践の比重は、英米的なコミュニケーションのスタイルあるいはパターンの習得もしくは体得にかかってくる。ここには、「英語を話すときにはアイコンタクトが重要である」という基本的なことから、高度なものでは意見や反論を提示するときのレトリックや交渉・説得のスキルなども含まれよう。しかし、企業の海外派遣のための研修ならいざ知らず、学校教育の場でかかることをどこまで教えるのか、私にははなはだ疑問である。例えば、「日本のお辞儀には上下関係を重んじる文化が、握手には平等を重んじる文化が反映されている」などいう解説つきで、

「挨拶と握手の仕方」をロールプレイを通じて教えるなどと言われると、私は大きな違和感を覚える。

もっともな意見ではないだろうか。同じような疑問は、国際理解教育を実践している教師の中にもあるのではないだろうか。何かしなければならない、しかし、いざやろうと思っても何をどうやればよいのか見当が付かない、仕方なくALTの助けを借りながらアメリカやイギリスを紹介する――このような状況に陥っている教師も多いだろうと思う。

私自身は、国際理解を否定する者ではない。しかし、国際理解教育を別扱いする必要を認めない。国際理解の理念は大切だが、それを教材化して指導の直接の対象にすることには反対である。国際理解をそのような安易な方法で達成しようというのは、国際理解の理念そのものを貶《おとし》めることになるのではないだろうか。国際理解教室などの言葉を聞くこともあるが、このような言葉で生徒を国際理解に誘導するのは偽善的だとも思っている。国際理解は、学習の結果であればよい。国際理解を、授業の中でむりやり紡ぎ出さなくてもよい。音楽は音楽の、社会は社会の、英語は英語の授業を、その本筋に沿って実践すればよい。国際理解は、そうした普段の授業の中で自然に促進されるべきであるし、また、そうでなければならないと思っている。

†コスモポリタンの思想

私は、いま、国際理解は普段の授業の中で自然に促進されるべきだと述べた。この考えは、国際理解という概念の捉え方に関わっている。国際理解という言葉は、誤解を招きやすい。事実、われわれは、この言葉に二重の意味を与えてしまっている。国際理解に相当する英語は、international understanding であるが、その意味は、国を越えた相互理解(mutual understanding)といったところである。しかし、ここにも、「日本人の国際化」が入り込む。われわれの国際理解は、いつの間にか、世界理解という意味に近づいて、相互理解の方は霞んでしまっている。国際理解を世界理解の意味で用いることによって、「国際」を形容詞から目的語に変えてしまったのである。理解すべき対象が「国際」すなわち「世界」になったのである。つまり、国際理解教育は、相互理解教育というよりも、「世界を理解するための教育」として捉えられているのである。ついでながら、国際を世界と同一視するのは日本人の癖で、それは、辞書の「国際人」の定義に見たとおりである。国際人を、「広く世界に通用する人」(『日本国語大辞典』、その他)と説明しているのがそれである。

コスモポリタンは、世界の住人である。一視同仁の人である。別な言い方をすれば、故郷を持たない人である。もちろん、誰でも生まれ故郷はあるが、コスモポリタンは、自分の故郷に執着しない人である。コスモポリタンは、同郷人だからといって特別扱いをしたり、外国人だからといって態度を変えたりということはしない。一切の偏見から自由な人――これが、コスモポリタンのイメージである。

ところで、われわれが国際理解教育によって育てようとしているのは、一体どんな日本人なのであろうか。現在の国際理解教育の理念は、残念ながら、私には見えてこない。これを曖昧で見えにくいものにしている理由については、既にいろいろな角度から説明してきた。国際理解教育を提案する側は、どのような見通しを持ってこれに取り組んでいるのだろうか。国際理解教育派は、国際理解をどこまで真剣に考えているのだろうか。ユネスコが国際理解に関する勧告を受け入れたのは、今から三〇年以上前、一九七四年のことである。教育は、そのときどきの流行や好みで動かされてはならない。国際化の世の中になったから国際理解、グローバリゼーションだから英語というのでは、いかにも場当たり的である。

私は、国際理解とは、認識、すなわち、ものの見方のことだと思っている。断片的な知識の単なる集積ではない。ものの見方とは、世界観のことであり、量的というよりも質的な問題である。世界を理解するなどと、大袈裟に考える必要はない。

われわれは、生まれてから死ぬまで、さまざまな知識や経験を積み重ねていく。われわれ自身のものの見方、すなわち、世界観は、それらの集合体と考えればよい。だから、五歳の子どもには五歳の、二〇歳の若者には二〇歳のものの見方があり、それらは、それぞれにおいて完結している。子どもを不完全な大人と考えている人もいるかも知れないが、少なくとも精神的にはそうではない。子どもといえども、自分なりに納得した世界を持っている。その意味で、ものの見方は、極めて個人的な性格が強い。同じ教室で、同じ先生から同じことを聞いても、受け取り方は、生徒ごとに違っている。一〇〇の個性は、一〇〇通りの世界観を生む。

私は、国際理解は普段の授業の中で自然に促進されるべきだと述べた。普段の授業とは、音楽や理科や社会の時間のことである。ベートーベンや進化論やシルクロードは、そのまま世界と直結しており、特別なことをしなくても国際理解は育まれる。英語の授業では英語を教えればよいし、数学の時間には数学に取り組めばよい。生徒は、そこで得た知識や技術を自分自身の世界に取り込み、自分自身のものの見方を変えていく。教師や教材は、事実を正しく伝えればよいのであって、解釈は生徒のものである。

私が国際理解教育に賛成できないのは、一つには、それが、生徒の判断や解釈を一方的に歪める恐れがあるからである。堀部の例に見たように、「お辞儀は上下関係、握手は平等」の類は後を絶たないのである。しかし、国際理解を正面に据えれば、この弊害は避けられない。文化は断片化され、アメリカ人やトルコ人は鋳型に嵌《は》められてしまうだろう。われわれは、国際理解を形にして教えることの意味を改めて問い直してみる必要がある。

国際人とコスモポリタンは、和英辞書の上では同列である。しかし、日本人の考える国際人と世界で通用するコスモポリタンは、まったく異質の存在である。私の理想は、この二つを一つにすることである。もちろん、足して二で割るというのではない。国際人をコスモポリタンに昇格させたいのである。この点で、英語教育がどれほど貢献できるかはわからない。英語教育は、現在のところ、国際化や国際理解教育の先頭に立ってこれをリードしている。新しい英語教育は、国際化や国際理解をどう捉えようとしているのだろうか。小学校に英語が導入されようとしている今日、その捉え方は、これから生まれてくる「国際人」に少なからぬ影響を与えることになるだろう。

第二章

バイリンガルになりたい！

†バイリンガルとは何か

バイリンガルという言葉が日本語に入ってきて久しい。あちこちで目にし耳にする言葉だから、その意味を知っている人も多いだろう。しかし、人によっては、何となく理解しているという場合もあるかも知れない。ここでは、本書で用いられている主な関連語と併せて、その意味を簡単に説明しておくのがよいかと思う。

バイリンガルは、英語ではbilingualと綴る。bi- は、「二つ」を意味する接頭辞で、lingual は「言語の」という意味を持っているから、合わさって「二言語の／二言語を用いた～」という形容詞となり、転じて「二言語使用者」を意味する名詞としても用いられる。「バイリンガル辞書」といえば、英和辞典や和仏辞典のような辞書のことであり、「あの人はバイリンガルだ」といえば、二つの言語が話せる人という意味になる。

バイリンガルに対して、「単一言語の」という意味のモノリンガル（monolingual）という言葉もある。mono- は、「一つ」を意味する接頭辞である。使い方は、バイリンガルの場合と同様で、「モノリンガル辞書」といえば、日本の国語辞典やイギリスのCOD（コンサイス・オックスフォード英語辞典）のような英英辞典を想像すればよい。また、おおざっぱに言うなら、日本はモノリンガル国家であり、日本人はモノリンガルということにもなる。

バイリンガルが基本的に「二言語」使用に関わるのに対し、三つ以上の言語を使う人を表すマルチリンガル（multilingual）という言葉もある。さらに、三つの言語を使う人をトライリンガル（trilingual）と呼ぶこともあるが、これらを厳密に使い分けるのは煩雑《はんざつ》である。本書では、バイリンガルをもって「二言語以上」の複数言語使用者の全てを指すこととし、マルチリンガルやトライリンガルの用語は、特に必要のない限り使用しないことにする。ちなみに、multi- は「たくさんの」、tri- は「三つの」という意味を表す接頭辞である。

バイリンガルである「状態」を指して、バイリンガルから派生したバイリンガリズム（bilingualism）という言葉も用いられる。二つの言語が話されている状態、あるいは、二つの言語を使用すること、といった意味である。ところが、一般によく知られているように、「～イズム」は、「状態」のほかに「主義」の意味も含んでいる。バイリンガリズムにも、バイリンガル状態という意味のほかに、バイリンガル普及活動のような意味合いがある。バイリンガル活動に関心が高いカナダなどでは、運動的な意味が強調されることも多い。同じような例としては、ＥＵのマルチリンガリズム（しばしば多言語主義と訳される）が挙げられる。基本的に三言語主義、場合によってはそれ以上を目指す現在のＥＵは、まさに運動のまっただ中にある。ヨーロッパ言語年（第四章に説明あり）と銘打って大々的なキャンペーンが張られたのは、二〇〇一年のことである。このように、言語運動の最中にある場合には、バイリンガリズムにしろマルチリンガリズムにしろ、主義や運動的な意味が前面に出やすい。もっとも、本書はそうした主義や運動を扱うものではないので、バイリンガリズムという言葉をもっぱら「バイリンガル状態」の意味で用いている。

ところで、バイリンガリズムすなわちバイリンガル状態は、個人を単位として考える場合と社会を単位として考える場合に大別される。研究者の間では、前者は個人バイリンガリズム、後者は社会バイリンガリズムと呼ばれている。本書の記述は、全体として個人バイリンガリズムが中心になる。ただ、第三章で英語公用語論の問題を取り上げる際には社会バイリンガリズムの視点が必要になる。

ここまでの説明からもわかるように、バイリンガルという概念は、第一言語と第二言語の関係について用いられるのが基本である。これを日本にあてはめると、われわれにとってのバイリンガリズムは、「日本語＋α」という図式になる。この場合のαはどの言語でもよいが、イメージを具体的にするためにこれを英語と決めておこう。

言うまでもないが、日本には、自然にバイリンガルを生みだすような環境がない。そのため、ほとんどの日本人は、学校教育を通して英語を身につける。正確には、身につけるよう期待されている。話を単純にするために、日本人の英語学習が中学校から始まるとしよう。とすると、中学入学時点での英語の能力サイズは、ゼロである。対する日本語は、語彙《ごい》を除いて、その習得がほぼ完成していると考えてよい。両者の間の力関係は、この段階で比較できない。それでは、英語のサイズがどれくらいまで大きくなるとバイリンガルと呼べるのだろうか。

バイリンガルの定義は、さまざまである。二つの言語が同等に操れるようにならなければバイリンガルと呼べないという研究者もいる。これに対して、第二言語が少しでも使えれば、英語でいうなら「サンキュー」とか「ユア・ウェルカム」程度でもバイリンガルだという人もいる。どちらも理論としては分かるが、実際的ではない。第一、二つの言語を、どちらが母語か分からぬほどに使う人がいるのだろうか。また、挨拶《あいさつ》だけで後は何もできない人をバイリンガルと呼ぶのも現実的でない。

バイリンガルのさまざまな定義は、おおむね両者の中間に位置している。詳しくは専門書に譲るとして、本書では、バイリンガルを「第二言語で自分の意志や考えを相手に理解させることができる人」というふうに規定しておこう。その場合、流暢《りゅうちょう》さはさほど問題にならない。また、相手の理解が前提であるから、発音や文法の逸脱も厳しく考える必要はない。

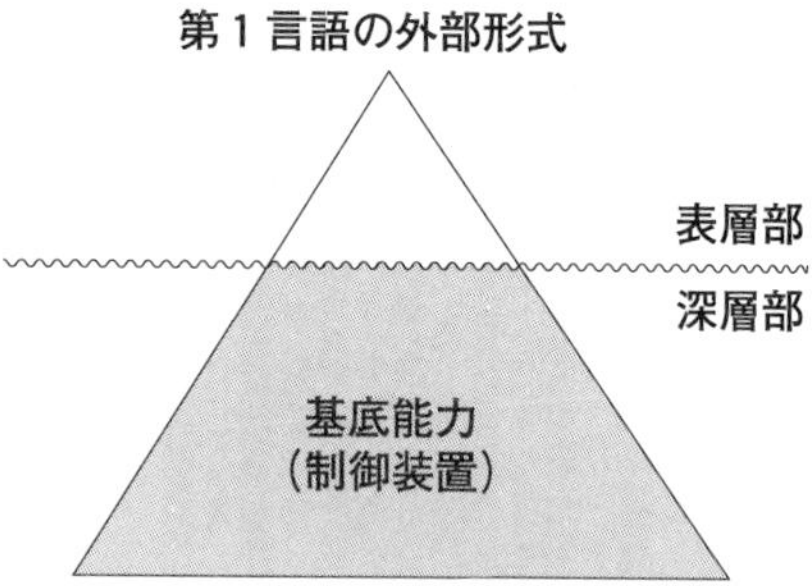

図1　モノリンガルの言語能力モデル

このように、バイリンガルを緩やかに規定しておけば実際的だし、第一、日本人のバイリンガリズムを現実的な問題として扱いやすい。この定義を日本の中学生にあてはめると、個人差は別にして、およそ卒業する頃にはバイリンガルのひよこたちが誕生すると考えることができる。もちろん、この段階で、自分の意志や考えを英語でうまく表現できる中学生は、それほど多くないだろう。しかし、彼らは、少なくともバイリンガルの入り口に立っているとは言える。自分をバイリンガルと言えるかどうかはともかく、可能性の扉はすでに開かれていると考えてよい。

†言語能力の捉え方

言語の能力を、水に浮かんだ氷塊に譬《たと》えて説明することがある。図1が、その模式図である。水面上に現れた部分は、われわれの日常的な言語生活、すなわち読み、書き、話し、聞く技能として直接観察できる能力を表している。これに対して、水面下に沈んだ部分は、日常的言語生活を支える深い層で、本書ではこれを基底能力と呼ぶ。言語能力そのものは、当然個人差があるから、氷塊のサイズは、それに応じて大きくなったり小さくなったりする。しかし、水に浮かんだ氷と同じで、水面上に現れる部分の比率は変わらない。基底能力の部分が大きくなれば、それに比例して日常的な言語使用も豊かになる。

基底能力の概念は、語彙力を引き合いに出して考えると分かりやすい。語彙力の説明にはいくつかの方法があるが、その一つとして発表語彙と受容語彙に分けて捉える方法がある。発表語彙というのは、自分から進んで用いる語彙のことで、水面上に現れた部分に相当する。一方、受容語彙というのは、自分で使わないが理解できる語彙のことである。新聞をイメージするとわかりやすい。大抵の人は、自分の言語で書かれた新聞であれば、読んでその大部分を理解できる。しかし、使われている語の中には、何となく理解できるが自分で使いこなす自信のないものがある。「歴訪《れきほう》」、「椿事《ちんじ》」、「借款《しゃっかん》」など、拾っていけば随分見つかると思う。いましきりに使っている「語彙」にしても、一般的な語ではないから、正確に使える人はそれほど多くないかも知れない。このように、何となくわかるが、自分から使うことがない語の総体が受容語彙である。ちなみに、語彙と（単）語は別概念で、語の集合を語彙という。そして、受容語彙と発表語彙の比率は一定であると考えられるから、語彙力の増大は、言語能力の場合と同様、氷塊全体の増大を意味している。

受容語彙と発表語彙の比率が一定であるということには、言語を習得していく上である重要な意味がある。簡単に言えば、滅多に使わない語も馬鹿にしてはいけないということである。たとえば、「うさぎ」や「洞窟」などの語は、幼い子でも知っている。しかし、実際の生活では、まれにしか用いられない。このような語は、氷塊の比較的浅い位置に待機していて、必要があればいつでも取り出せるようになっている。先ほど引いた「歴訪」や「椿事」は、もう少し深いところにしまい込まれている。自分ではどこに入れたか忘れているが、誰かに引出しを開けてもらえば探し出すことができる語である。人によっては、始めから引出しに入っていないかも知れない。われわれは、習得した単語をいろいろな深さの引出しにしまっていて、必要に応じて取り出して使っていると考えればわかりやすい。いろいろな深さにある引出しのサイズが大きくなり、その中に入っている語の数が増えれば増えるほどその人の語彙力が増し、引いては言語能力が高まっていく。ついでに言うなら、語彙力を高める最も良い方法は、本を読むことである。本には、自分では滅多に使わないような語も遠慮なく登場する。おまけに、本は、望みさえずれば何度でもわれわれの相手をしてくれる。読書が大切というのには、意味がある。

右の点は、英語学習に関して、ある重要な示唆を含んでいる。われわれは、英語を学ぶとき、つい大切な単語や構文だけに目を向けがちである。大学入試でなじみ深い『出る単』の類は、この考えを代表している。中学校の教科書さえ覚えておけば英語は大丈夫というのも、これに近い発想である。あるいは、中学校の教科書にある英語がよそ自由になるなら、簡単な英会話はできるだろう。しかし、中学校英語の内容だけでは、氷塊の先端部の、それも一部にしか相当しない。つまり、深層部が形成されていないのである。そのまま水に浮かべれば、その大部分は水面下に沈んでしまう理屈になる。

しかし、先の見えぬ努力よりも目先の小利を優先するのは、人情である。最近も、『ネイティブはたった100語で話している!』という本が出版された。思わず手に取った人もいるかも知れない。これも、心理的トリックの一種である。百歩譲ってネイティブが一〇〇語で話しているとしても、それは、ネイティブが一〇〇語しか知らないという意味ではない。どんなことでも、とりあえず必要なことだけを学ぶのでは、真の力にはならない。一〇〇語あるいは中学校英語に相当する力を水面上に浮かべるためには、それをはるかに上回る基底能力を育てなければならないのである。

†言語の表層部と深層部

言語能力について考える際に、もう一つ大切な視点がある。われわれは、「あの人は英語ができる」という場合、単語をよく知っている、発音がきれいだ、流暢に話すといった外見的な要素で判断することが多い。つい、表層部に目が行ってしまうのである。それはそれで一応の目安になるが、言語能力はそれほど単純なものではない。水面下の氷のように、目に見えない部分の方が大きくて重要なのである。

では、言語能力は、一体どのように説明できるのだろうか。それは、どのようにして形成されるのだろうか。残念ながら、これらは、まだ十分には解明されていない。言語能力を正面から説明することは、意外に厄介なのである。しかし、われわれの日常を横合いから眺めると、なるほど自分たちは言語を使ってこんなことをしているというのが何となく分かってくる。

俗に言語生活と言うが、われわれは、言語を生活の至る所で利用している。その中で、言語の役割としてまず思いつくのは、コミュニケーションの手段としてのそれである。日常生活では、家族や友人と話したり、本や新聞を読んだり、テレビを見たりラジオに耳を傾けたりと、言語を利用したさまざまな形のコミュニケーションが繰り広げられる。これらは、われわれの言語生活の表層部と呼びうるもので、氷塊の譬えで言うなら、水面上に見える部分に相当する。しかし、言語の役目は、これだけではない。言語の深層部は、われわれの言語生活を切り盛りするという大切な役目を持っている。これを、演出家の譬えで説明しよう。

日常生活がコミュニケーション活動の舞台だとすると、言語は、その舞台を統率する演出家あるいは総監督の役割をも引き受けている。言語と演出家の組み合わせは唐突だが、これは、以下のように考えればよい。「演出」は、『広辞苑』（第五版）で次のように説明されている。

演劇・映画・テレビなどで、脚本またはシナリオに基づいて、その芸術的意図を達成するように、俳優の演技・舞台装置・照明・音楽・音響効果・衣装などを統括・指導すること。

言語の演出家としての役割も、これによく似ている。違いがあるとすれば、役者と演出家の間の関係である。両者は、映画や舞台では別な人格だが、言語の場合は区別がない。日常生活という舞台に上がって演技をするのも言語なら、それを背後で支えているのも言語である。そして、言語の場合、演技者と演出家は、常に一人の人間の中に納まっている。演技者と演出家が同一人である——この点は、言語の大きな特徴である。言語能力とは、この両者の融合体として現れ、かつ説明もされる。世間には、言語の演技的な面だけを捉えて、たとえば、英語は技能科目であると言い切る人がいるが、私はその考えを支持しない。表層部にのみ目を奪われて、言語の深い部分の役割を考えようとしていないからである。不支持の理由は、以下の論述で一層具体的になるだろう。

†言語と経験

氷塊の譬えを、もう少し続けよう。言語生活における演出家の仕事は、主に氷の沈んでいる部分に関係している。どんな語を選び、どんな表現を用いて自分の考えや気持を相手に伝えるか、その効果がどれほどのものになるか、相手はどう反応するか、相手の意図や感情をどう受け止めるか、ときには皮肉をこめたり、思わぬ誤解をしたりと、われわれのコミュニケーション活動は結構忙しいのだが、その忙しさを平然とコントロールしているのもわれわれ自身なのである。これは、考えてみれば大変な能力である。それを大変と感じないのは、言語とわれわれが一体になっているからである。作業の大部分が無意識下に沈潜して、つまり、水の下に隠れているからである。

ところで、われわれが言語を特に意識しないで済むのには、それなりの理由がある。母語の習得は、五、六歳くらいでそのあらかたが完成すると言われている。一般に、言語習得は、本人が気づいたときには終わっている。誰も、自分がどうやって母語を習得したかを説明できない。言語との漠然とした一体感は、恐らくこの点に関係している。

われわれが言語に対してある種の自然さを感じる原因は、言語習得の中身そのものにも求めることができる。言語習得というと、何やら、言語だけを取り込んでいるような印象を与えるが、決してそうではない。われわれは、言語を習得しながら、同時に自分の周りの世界を捉えているのである。平たく言えば、言語を通して自分の経験を処理しているのである。言語を習得しながら同時にそれを利用して、自分を取り巻くあらゆるものを整理し、理解していると言えば、さらにわかりやすい。たとえば、幼いときに火傷を負ったり、犬にかまれた経験のある人は、そうでない人に比べ、大人になっても火や犬を怖れる度合いが大きく、「火」や「犬」という言葉に対する心理的な反応も異なっている。田舎育ちの人と都会育ちの人の「自然」認識の違いも一例で、育った環境によって「自然」は、思い出にもなり、憧れにもなる。りんご農家の人の「りんご」ともっぱら食べることしか知らない人の「りんご」では、言葉が背負っている意味の広がりが大いに違っている。言葉に対する心理的な反応は千差万別であり、それは、自己の経験と密接に結びあっている。

逆説的な表現になるが、言語能力は、言語の能力以上のものを含んでいる。そこには、言語を通して積み上げられた自己の経験とその経験を土台にした世界認識が広がっている。さらに、言語による経験の処理とその結果としての現実認識は、一人ひとりみな違っている。氷塊の大きさには個人差がある、とは既に述べた。もし、その仮説を受け入れるならば、個人差は、氷塊の中身にも及ぶと考えなければならない。

†間接経験の大切さ

言語は、コミュニケーションの道具であると同時に、自己の経験を内化させる濾過器《ろか》の役目を果たしている。われわれは、言語を通して周囲のものを識別し、それに名前を付け、名付けたものを自分の内側にしまい込んでいる。その際、われわれは、周りのものに勝手気ままな名前を付けているのではない。名前は、自分の所属する言語社会によってあらかじめ与えられており、われわれは、その取り決めに従って自分の経験を自分なりの方法で整理整頓しているのである。もっとも、使用する名札は同じでも、その中身は、それぞれの経験の違いを反映した微妙な個人差を含んでいる。それが氷塊の質的な差として蓄積されることは、さきほど「犬」や「りんご」に見たとおりである。

ところで、われわれの経験は、直接的なものと間接的なものとに分けて捉えることができる。直接経験とは、文字通り、自分の身をもってする経験のことで、体験と言い換えてもよい。一方、間接経験は、対象を直接に体験しない経験のことで、たとえばテレビや読書による知識の吸収などがこれにあたる。このように区分した場合、言語習得の初期にある子どもの経験は、もっぱら直接的であると言える。それは、幼児期の言語習得が体験的方法によっていることと関連している。言語習得が進み、やがて自他の区別がつくようになると、子どもも次第に間接的な経験を扱うことができるようになっていく。学齢に達すると、子どもの生活は一変する。この変化は、文字の導入とそれに続く読み書き能力(literacy)の訓練によってもたらされる。学校は、子どもにとって、間接経験の宝庫である。子どもは、教科書を読み、教師の説明を聞いて、自分の日常世界の向こうにさらに大きな世界があることを学んでいく。直接触れることができない世界を、書き言葉を介して知るようになる。

案外気づきにくいことであるが、われわれは、学校教育を通して客観化と抽象化の能力を身につける。教師や教科書は、客観と抽象の手本である。教師は、授業中、太郎にだけ分かるように話したりはしない。教科書は、花子だけを相手に書かれているのではない。教師は、生徒全体に話しかけるのであり、教科書は、誰がいつ読んでも理解できるように書かれている。子どもは、このような環境の中で、情報や出来事を正しく受け取り、かつ、それを第三者に正しく伝える能力を自然に開発していく。日常的な言語表現力もそれを支える基底能力も、このような生活の繰り返しの中で発達していく。読み書き能力と基礎的な計算能力、すなわち数学的思考力（numeracy）を育むこと——母語による基礎教育の重要性は、この二つに集約されると言ってもよい。

子どもの言語発達にとって、間接経験の持つ意味は大きい。直接経験をわれわれの日常生活そのものと考えれば、間接経験は、非日常の世界に繋《つな》がっている。自分の世界を広げるためには、直接経験の中に留まっているだけでは不十分である。子どもは、学校教育を通じて自然に間接経験へと誘導されているのである。その際、読み書き能力と数学的思考力が重視されるのには理由がある。間接経験をもたらす手段は視覚的、聴覚的、思索的などに分けられる、言語は、そのいずれにも関わっている。このように考えると、言語発達と間接経験は、相補的な関係の中で発達していくと捉えることができる。その場合、抽象度の高い書き言葉は、話し言葉とは別の大切な役目を果たしている。また、論理的な思考力を育てる意味で、数学的思考力も軽視できない。

先に語彙力を高める良い方法は読書であると述べたが、読書は、間接経験を豊かにする手段としてもすぐれている。書き言葉を通しての知識の吸収は、認知的な言語習得そのものであり、言語能力の発達に欠かすことができない。幼児期に習得した話し言葉の能力は、学校教育を通して開発される書き言葉の能力によって補完される。そして、この補完は、学校を出た後も生涯続く。子どもの頃に書き言葉に慣れ親しんでいるかどうかは、その人のその後の言語能力の発達を大きく左右する。この点は外国語学習の場合もまったく同じであるが、外国語の場合、ややもすると会話中心の間に合わせ学習が流行する。根気の要る読み書き能力の訓練を避け、すぐに役立つという印象を与える話し言葉が重宝されるのである。しかし、間接経験や認知的処理活動をおろそかにするのでは、堅固な外国語能力を手に入れることはおぼつかない。

†バイリンガルの頭脳

ところで、素朴な、しかし解明を待っている疑問がある。それは、バイリンガルの頭の中は一体どうなっているのだろうかという問題である。脳を切り開いたところで、その答えが見つかるわけではない。言語の問題は、仮説とその証明の繰り返しで説明される。

現在、この点に関する有力な考えは、共通基底能力（Common Underlying Proficiency）仮説である。これは、バイリンガルの頭の中には二つの独立した言語能力が備わっているとする考え方に対抗するもので、一見独立して見える二つの言語能力も基底部分で繋がっているとする考え方である。ここでも、水に浮かんだ氷塊の譬えが用いられる。図2は、

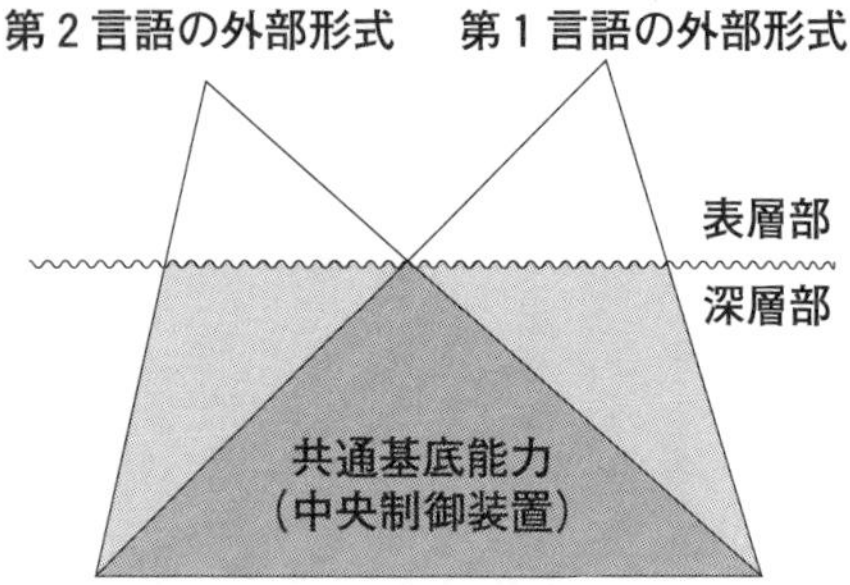

図2　理想バイリンガルの言語能力モデル

カミンズ&スウェイン Jim Cummins & Merrill Swain（一九八六）に手を加えたものである。なお、図2およびこの後の図3、図4は、カミンズ&スウェインを参考にして作成しているが、本書における解釈と理論展開は、必ずしも彼らの考えに沿ったものではない。

図2は、図1を二つ重ね合わしたものと考えれば簡単である。ただし、この図で代表されるのは、二つの言語能力がほぼ拮抗《きっこう》しているバイリンガルである。実際のバイリンガルでは、第一言語と第二言語の能力に開きがあるのが普通である。それを図に反映させるためには、第二言語の氷塊を小さく描かなければならない（たとえば、図4）が、ここでは、バイリンガルにおける二言語の関係を示す理念図として紹介している。

バイリンガルの言語使用について直接観察できるのは、水面上の氷に象徴される表面的な特徴である。現象だけを捉えれば、二つの言語の能力は独立しているように見えるし、現在もそのように説明する研究者はいる。バイリンガルにおける二言語の能力は別個のものであるという立場で、独立基底能力（Separate Underlying Proficiency）仮説と呼ばれたりする。この考えに立てば、第一言語の能力やそれによって得られた知識・推理力などは第二言語と無関係ということになるのだが、実際には、その逆の現象が観察される。例えば、一〇の異なる言語を自在に操る人が、一〇の言語全てにおいて同じ習得過程を辿ったとは考えにくい。一般に、三つ、四つと習得言語の数が増えるにつれて新しい言語の学習は相対的にやさしくなると言われている。これは、既に獲得した言語による知識や経験が新しい言語の習得に加勢して働くからである。

では、二つの言語の基底能力が深いところで繋がっているというのは、どのような意味をもっているのであろうか。これを、日本人の英語学習にあてはめて考えてみよう。基底能力というのは、言語使用のコントロール・センターのようなものだから、この部分が共通しているということは、日本語使用と英語使用の指令が同じところから出されていることを意味している。図3は、初級段階の学習者の場合で、英語の能力が水面にほとんど出ていない状態、すなわち、英語使用能力が未熟な段階を表している。この段階では、「グッド・モーニング」とか「ビューティフル」といった断片的な表現はできるかも知れないが、まとまった考えを相手に伝える能力は育っていない。指令を実行する能力が備わっていないため、指令そのものが出しにくい状況だと想像すればよい。これに対して図4は、基底能力の共有部分が増え、それに応じて実際の英語使用能力も向上し、第二の氷塊が一定の大きさで水面上に現れた状況を示している。指令の実行能力がある程度備わってきている段階である。日常的なコミュニケーション能力として充分かどうかは別として、少なくともバイリンガルとして直接観察できる状態に達していると考えることができる。

言語能力の発達における間接経験の重要性が否定できないとすると、その理屈は、バイリンガルの基底能力にも通用するはずである。さらに、第一言語における読み書き能力が第二言語の読み書き能力の発達に関わっているとする研究報告がある。これは、読み書き能力の転移（リテラシー・トランスファー）と呼ばれている。その考えをわれわれの英語学習にあてはめると、母語である日本語の読み書き能力が優れている人ほど英語の読み書き能力（文法力、類推力、構成力、解釈力など）を発達させやすいということになる。事実、英語の習得には、まず日本語の力を十分発達させる必要があるという意見がある。素朴に考えて、われわれの英語能力が、母語である日本語の能力を超えることはない。また、日本語能力の発達が英語学習に悪影響を与える理由も見あたらない。共通基底能力の仮説を受け入れるとすると、母語の言語能力は第二言語の習得にとって大切だということになる。「英語の前にしっかりとした日本語を」という意見の根拠は、このあたりにある。ただ、

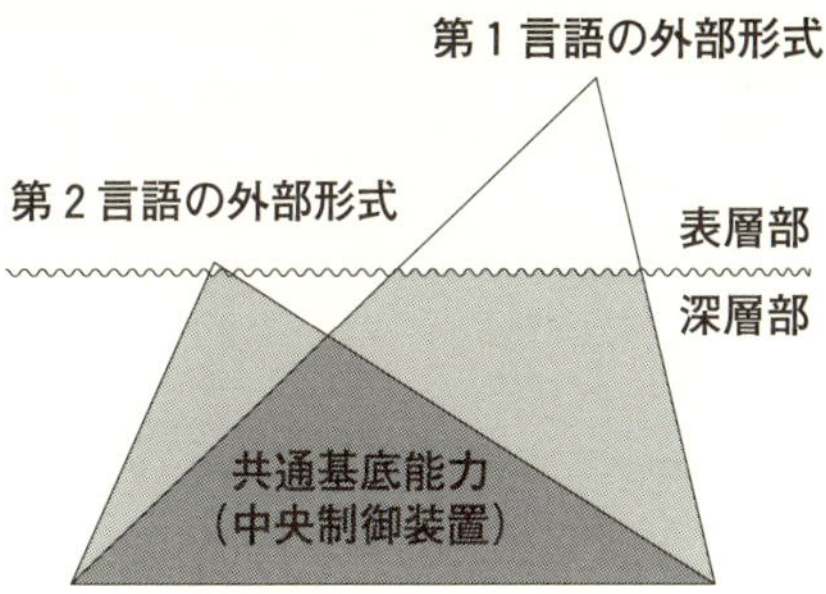

図3　受動（初期）バイリンガルの言語能力モデル

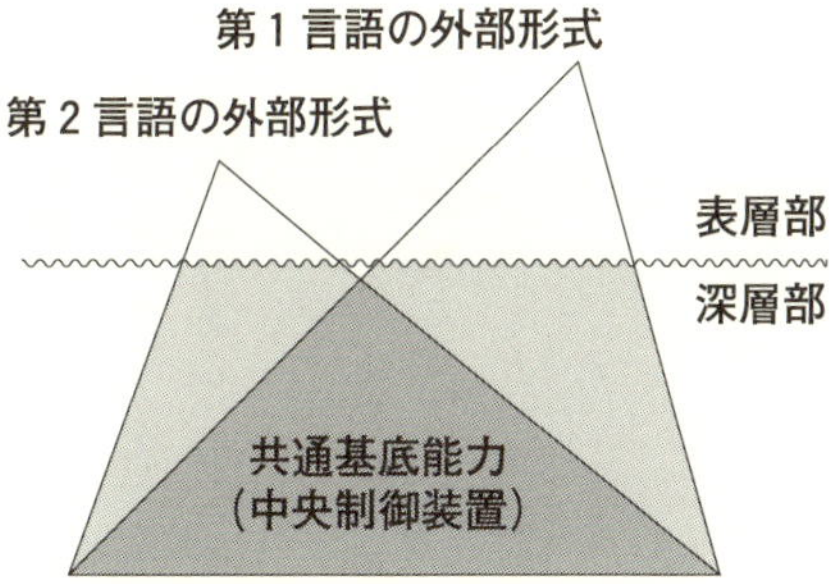

図4　能動バイリンガルの言語能力モデル

バイリンガル能力の正体については分からないことも多く、これほど単純な話にはならないかも知れない。また、英語の早期教育を重視する人たちは、日本語の読み書き能力の発達を待つのではなく、日本語と英語の同時的学習を支持する立場をとる。これらの意見の衝突については、第三章においてもう一度取り上げる。

†バイリンガルは幸福か

複数の言語が話せる人は幸せだろうか。

その答えが、かりに「イエス」だとすると、モノリンガル、すなわち母語しか話せない人は不幸せということになるのだろうか。そうだとも言えるし、そうでないとも言えそうである。圧倒的多数の日本人がモノリンガルであることを考えると、簡単に「イエス」とは言いにくい。

では、複数の言語が話せる人は幸運だろうか、と質問を変えるとどうだろう。今度は、少し気楽になって、「イエス」と答える人が増えるかも知れない。しかし、本当にそうなのだろうか。地球上には、二つ以上の言語を話す人が無数に存在する。彼らは、果たして幸運なのだろうか。

もう一度、質問を変えてみよう。

人がバイリンガルであることは自然なことだろうか。この問いには、素直に「イエス」と答えることができる。人がバイリンガルであることは、モノリンガルであると同様に自然なことと答える以外にないからである。多くの人は、モノリンガルに生まれ落ち、モノリンガルで一生を終える。それと同じように、これまた多くの人が、生涯の大部分をバイリンガルで過ごしている。

複数の言語が接触しあう場所に生まれ落ちた人は、不可避の成り行きとして必要な数の言語を身につける。現在の世界は、多く国民国家の名の下に区分されており、一つの民族、一つの言語だけで構成されている国はほとんど存在しない。クルマス Florian Coulmas（一九八七）は、「言語、国民、国家がぴったり重なっている国などありはしない」と言い切っている。スミス Anthony D. Smith（一九八一）によると、民族的に均質と言える国は、ポルトガル、ギリシャ、アイスランド、ノルウェー、マルタ、条件付きで旧西ドイツ、日本などの一握りの近代国家だけという。国連加盟国だけでも一九〇を超えている現在、これらの国が例外的な存在であることは言うまでもない。われわれは、「日本＝日本語＝日本人」という国家と言語と民族を結ぶ等式を、ほとんど無意識に受け入れている。これが常でないことに気づかない。「インドネシア＝インドネシア語＝インドネシア人」や「フランス＝フランス語＝フランス人」が実態を表していないことに気づく人は、稀である。ついでながら、地球上の言語の総数は、六〇〇〇（±一〇〇〇）あたりに落ちつくと想定されている（クリスタル David Crystal 二〇〇〇参照）。

アフリカ諸国に典型的な多言語状態は、植民地支配の落とし子である。彼らは、望んでその状態にあるのではない。その不自然さは、アフリカの地図を見ればすぐに納得できる。

多くの国が定規で引かれた直線によって仕切られている。これは、西欧列強がアフリカに残した爪痕である。この直線によってあるいは分断され、あるいは囲い込まれた多数の民族と言語は、お仕着せの空間の中で新たな共生の道を探らなければならない。

このような環境に暮らす人たちは、生まれながらにしてバイリンガルになるように運命づけられている。アフリカにある五三の国で使われている言語の数は、数え方次第で七〇〇とも三〇〇〇とも言われる。膨大な数である。タンザニアの少数民族集団の言語は一二〇種類ほど、また、南アフリカ共和国では、現在、一一の公用語が認められている。日本人が唖然とするような例は、いくらでも挙げられる。アフリカの言語と民族の混雑振りは、推して知るべしである。彼らのバイリンガリズムは、このような環境で育まれる。国を維持するために国民が払う言語的犠牲は、われわれの想像を超えている。

しばしば揶揄《やゆ》の対象となる日本人のバイリンガル願望は、言語的平和の所産である。多言語国家のバイリンガリズムは、環境の所産である。彼らがもう一つの言語を「話さなければならない」のに対し、われわれは、もう一つの言語を「話したい」と言っているに過ぎない。突き放した言い方をするなら、それは、どこまでも願望であり、一種の贅沢《ぜいたく》である。環境的後押しを欠いた願望では、それこそ「一〇年やっても話せない」で終わってしまう。日本人は、決して英語が下手なのではない。その証拠に、願望と贅沢のような弱い動機ではなく、はっきりとした目標のもとに努力を重ねた人たちは、みな見事な英語を駆使している。日本に「自然な」バイリンガル環境がない以上、それを望む者は、自らの意志と努力でその環境を生みださなければならない。同時に、日本にバイリンガル環境が欠如していることを嘆く必要もない。むしろ、自分の意志で第二言語学習に取り組めることを喜ぶべきであろう。われわれが他言語を学ぼうとするとき、この認識は大切である。

最初の話題に帰ろう。複数の言語が話せる人は、幸福だろうか。すでに見たように、バイリンガルは、「自然」が用意する環境によって育まれる。バイリンガルを強いる環境が悲惨なことはあり得るが、バイリンガルであること自体は、幸福でも不幸でもない。同様に、モノリンガルであるからといって人生が不幸になるわけではない。獲得された言語の数は、それが環境のもたらす「自然な」結果である限り、当人にとっては生活そのものである他はない。そして生活の運不運は、話す言語の数とは無関係なのである。

†言語と文化

言語と文化の関係は、意外に整理が難しい。世間には、両者をまったく別物と考えている人もいる。また、両者の間に関係を認める人も、二つを理屈立てて説明できるとは限らない。結論から言えば、言語は文化の一部である。しかも、巨大な一部である。さらに言うなら、われわれは、言語を利用して文化を成立させている。

文化の定義は視点によって異なるが、ここでは、「特定集団の構成員が共有している思考および行動様式の全体」としておこう。また、文化は、本能と対立する概念でもある。本能が生まれながらにして与えられているものだとすれば、文化は学習を前提にしている。それが特定集団の中で維持されるためには、一人一人の人間によって習得され、個人から個人へ、世代から世代へと伝えられなければならない。この仕組みは、言語とまったく同じである。

文化も言語も習得しなければならない――これは、人間と他の動物を区別する重要な点である。鶏や犬は、どこの土地で生まれようとそのしぐさや鳴き声は変わらない。対する人間は、生まれ育った土地の文化を纏《まと》い、その言語を話すようになる。かつて、文化人類学者のクラックホーン Clyde Kluckhohn（『文化人類学の世界』、講談社、一九七一）は、たとえばロシア人の赤んぼうをアメリカにつれてきて育てれば、大人になったとき普通のロシア人とは違ってアメリカ人のように行動したり考えたりするという経験的事実を引いて、「人類学全体でもっとも厄介な問題は、いったい、どうしてイタリア人がイタリア人に、日本人が日本人になるのだろうか、ということである」と述べた。

われわれは、言語を学びながら文化を吸収している。あるいは、文化を呼吸しながら言語を身につけている。ただ、このような言い方は、言語と文化を関係づけて考える習慣のない人にとってはわかりにくい。先ほど示した文化の定義にしても学問的なもので、実生活における文化の扱いは、もっとおおざっぱである。たとえば、日本の文化を海外に紹介するといった場合、すぐに頭に浮かぶのは、生け花とか相撲とか茶道のような伝統的なイメージと結びついたものである。これらの例に見るように、一般に文化という場合、外に現れた様式面に注意が払われることが多く、結果的に、その特徴を摑みだして目の前に並べる式の扱いが生まれたりする。このように、文化を扱いやすい形式として捉えておくのは便利であり、事実、われわれの日常は、「取り出して説明できる文化」に満ちている。

これに対して、特徴を摑もうにも、その特徴がどこにあるか見当をつけにくい文化がある。言語の中にたたみ込まれた文化が、それである。この種の文化は、その言語単独では見えにくいが、他の言語と対比すると分かりやすい。蛙の子の「オタマジャクシ」を例にとって、言語間の表現形式とその内包する意味を比較してみよう。矢印の次にあるのが、それぞれの言語で「オタマジャクシ」を意味する単語である。かっこ内のカタカナはおよその発音を、また、それに続く表記は各語の原義を示している。

日本語——→オタマジャクシ（お玉杓子＝台所用具の一）

トルコ語──→iri bas（イリ・バシュ＝デカ頭）
韓国語──→올챙이（オルチェンイ＝膨れ上がったもの）
フランス語──→têtard（テタル＝頭野郎）

このように、同じ対象を表す言葉を並べるだけで、それぞれの言語に含まれている文化的な視点の一端が自然に浮き上がってくる。これは、「オタマジャクシ」に限るわけではなく、どの語を例に引いても同じようなズレを見出すことができる。興味のある人は、適当な語を選んで複数の言語で比較してみるとよい。

対置すれば見えてくるこの種の文化的特徴も、日常的な言語生活においては目立たない。母語は、意識の埒外《らちがい》にあってこそ母語なのである。「他言語を知らぬ者は自分の言語も知らぬ」とは、よく引用されるゲーテの言葉であるが、外国語の知識は、自言語を突き放して眺めるときに役に立つ。別な角度から、もう一例示そう。表1は、それぞれ、「麦」とrice の意味領域の比較である。

念のために言い添えるなら、英語には、「麦」に相当する単語はない。一方、日本語は、barley などを単独で表す語を持たない。それぞれ、「大〜」「小〜」「カラス〜」「ライ〜」と頭を取り換えて間に合わせている。英語は、麦の種類ごとに別な単語を用意しているが、日本語は、全てを「麦」で代表させ、種類分けの必要があるときだけ修飾語を加える。だから、「麦飯」とか「麦踏み」とは言うが、「大麦飯」、「大麦踏み」などとは言わない。ライ麦は明治期に日本に紹介されたようだが、それ以外の麦は、弥生時代以前から日本にあったものである。しかし、日本語は、それらに独自の語を発達させなかった。逆の関係は、rice とそれに対応する日本語との間に見て取れる。英語は、rice に関して、日本語に見るような対象区分をしなかったのである。

麦	barley (大麦)
	wheat (小麦)
	oat (カラス麦)
	rye (ライ麦)

rice	稲
	米
	ごはん
	ライス

表１ 「麦」と 'rice' の意味領域

これらの例に見るように、文化は、言語の中に深くもぐり込んでいる。それは、気づかないところで、われわれのものの見方に影響を与えている。異文化の様式的な特徴に目を向けることには、意味がある。だが、その特徴の背後にある考え方、自分たちとは異なる世界観に気づくことには、それ以上に大きな意味がある。文化を形式にだけ求めるのではなく、言語の視点から意味的に捉え直すことが大切である。そのためには、言語的複眼が最も有効であり、外国語の学習はそれを育てる最良の方法である。バイリンガルの効用にしても、単にもう一つの言語が話せるといった便利さだけを追いかけるのではなく、その能力が自らにもたらす質的変容にも目をやることが大切である。

†バイリンガルはバイカルチュラルか

言語と文化が分かちがたく結びついているとすると、言語の所有は文化の所有を意味することになる。日本語を話す人は日本文化を所有し、韓国語を話す人は韓国文化を身につけるのである。その結果、クラックホーンが観察したように、日本人は日本人らしく、韓国人は韓国人らしく行動するようになる。では、二つの言語を所有することは、二つの文化を所有することになるのだろうか。その場合、バイリンガルは、二つの文化をどのような形で所有するのだろうか。

先ほど、言語が、ひいては文化が、われわれのものの見方に影響を与えていると述べた。ものの見方は、思考と呼んでもよいし、世界観と言い直してもよい。言語と思考の関係については、ある有名な仮説がある。「言語が違うとものの見方が違う」という考えで、サピア＝ウォーフの仮説と呼ばれている。サピア Edward Sapir とウォーフ Benjamin Whorf は、これを発表したアメリカの言語学者の名前である。現在では、この考えを否定する立場も現れているが、ここでは、その細部に立ち入らない。また、この仮説には、「言語は思考を決定する」という強い言い方と、「言語は思考に影響を与える」という弱い言い方の二通りがあるが、私自身は弱い仮説を支持している。

われわれは、母語を習得しながら、その母語の枠組みに沿った思考法を身につけていく。言語の中に文化が織り込まれている以上、言語の習得は、否応なしに文化の習得に繋がっている。日本人が日本人に、韓国人が韓国人になるのは、ただ日本語や韓国語を話すからではなく、言語と共に独自のものの見方や行動が立ち現れてくるからである。

ここで、もう一度、図1を思い出していただきたい。水面上の塊は、直接観察できる言語能力、すなわち、われわれの日常的な言語使用を代表している。一方、水面下に沈んだ部分は、それを根底で支え、動かしている認知的な言語能力であり、コンピュータに譬えるなら中央演算装置（CPU）に相当する。母語と共に獲得される思考法や行動様式の雛形、言い換えれば、言語的習慣とその延長線上にある文化的習慣もここに蓄積されていくと考えることができる。

かりに右の考えを受け入れるとして、今度は、図2に帰っていただきたい。図2は、理想（均衡）バイリンガルの言語能力を表したもので、一見独立して機能している二つの言語能力が水面下で結びついているという考えを示したものである。基底能力が思考法や行動様式などのあらゆる文化的習慣を含んでいるとすると、バイリンガルの共通基底能力は、二つの言語の融合体であると同時に、二つの言語から取り込まれた別種の思考法や行動様式の融合体ということにもなる。では、言語的習慣や文化的習慣が融合するとは、どういう意味なのか。そもそも、言語は融合するものなのか。

言語の形式（音素、単語、文構造など）は、言語ごとに異なっている。二つの言語がいくら接触しても、互いの言語形式が溶け合って別なものに変身するということは起こらない。日本語がいくら外国語を取り込んでも、それによって日本語の基本的構造が変質することはない。当の外国語も、取り込まれた瞬間に元の形式特徴を失い、外来語という日本語に変えられてしまう。

では、文化的習慣、すなわち、ものの見方や行動様式はどうだろうか。文化は、言語の場合と異なり、別な文化の特徴を容易に受け入れる面がある。卑近な例を挙げるなら、日本人の箸とフォークの併用も文化的融合の結果である。現在のわれわれは、食事の作法や考え方において、たとえば百年前の日本人とは違っている。あるいは、現在の「日本文化」を、中国や朝鮮の影響を抜きにして語ることができるだろうか。『オリエンタリズム』の著作で知られるサイード Edward Said（一九九三）は、「今日、インドの中のイギリス的要素を、あるいは、ロンドンの中のインド的要素を、確信を持って切り離すことができる人がいるだろうか」と述べ、どのような文化も複数の文化の混合物であるとしてその雑種性を強調している。

一方で言語の融合が否定され、他方で文化の融合が許されるとすると、バイリンガルの共通基底能力はどのように解釈すればよいのだろうか。まず、本書における共通基底能力は、普遍文法仮説を前提にしている。普遍文法とは、簡単に言うなら、遺伝によって与えられている言語能力のことである。それは、言語の抽象的内部形式で、言語獲得装置と呼んでもよい。この仮説に立てば、赤ん坊は、本能として与えられた内部形式（普遍文法）を活動させ、母語を習得することになる。内部形式は、言語ごとに異なった方法で外部形式化されるため、結果的に言語間に見られる構造的な違いが生まれる。

これに対して、文化と共通基底能力の関係は、少し違っている。言語の場合と異なり、ものの見方や行動様式は、異文化との接触を通して変化する。フォークを知った日本人は、それを知る前の日本人とは違った考え方をし、違った行動様式を身につけている。「オタマジャクシ」の捉え方がいろいろあるのだと悟った者は、すでにして日本語を超えた認識世界に踏み込んでいる。

以上のことから、次のような理論的方向付けが得られるのではなかろうか。すなわち、日本語と英語のバイリンガルは、両方の文化を別々に内蔵しているのではない。共通基底能力に取り込まれた二つの文化は、合わさって新しいものの見方や行動様式を生みだす。こうして変容した共通基底能力は、どちらの言語に対しても同じコントロール機能を持つ。

英語を話すためには「英語で考えなくてはならない」と言う人がいるが、私は、それを取り立てて主張する必要を認めない。英語的な思考法は、その人の英語能力に応じて、すでに基底能力に取り込まれているはずだからである。英語とのバイリンガルであるということは、単に英語という言語が追加されたというのではなく、その人自身の言語能力さらには世界観が変容したことを意味している。新しい言語が新しい認識への入り口であるなら、新しい言語の学び手は、学び手であるというだけですでに何物かを手に入れていると言えるだろう。

第三章

英語公用語論と日本人

†英語公用語論再訪

英語を日本の第二の公用語にしようという提案があったのを覚えておられるだろうか。二〇〇〇年初頭のことである。当時、世間の話題になり、かつ、多くの識者がその議論に参加した。その後、この提案の非現実性が認識され、やがて話題に上ることも少なくなって今日を迎えている。

では、なぜ今になって、下火になった議論を蒸し返すのか。その主な理由は、二つある。一つは、英語公用語論のような国民全体を巻き込む類の議論は、付和雷同を生みやすく、また、そうなったときの影響力が大きいからである。この議論は、下火にはなったが、まだ火種は残っている。いつまた、その勢いを取り戻さないとも限らない。その時冷静に対処できるように、いま読者に考えておいてもらいたいのである。

後ほど検討するが、英語公用語論は、日本人の英語に対する劣等意識を危機意識に置き換えてその論拠としたところがある。俗に言う「英語コンプレックス」は、現在も日本人の心の健康を損ねている。何十年に渡って英語教育の改良が求められ、然るべき反省もなされながら、なお満足な結果が得られていないのは、われわれの英語学習が絶えず守勢に回っていることにも原因がある。「こうしたい」ではなく、「こうしなければならない」という一種の強迫観念は、今でもわれわれの心のどこかに残っている。英語公用語論が議論を呼んだのは、それが、結果的に、われわれの心理的弱点をついていたからである。

二つ目の理由は、この議論がわれわれの言語意識に適度な刺激を与えてくれたからである。英語公用語論は、公用語を定める必要がなく、したがってその意識すらない日本人にとって、寝耳に水の話であった。ただし、この議論は、その唐突さもさることながら、主としてその論拠の弱さのせいで、結局、世間が事態を呑み込む前に沙汰止みになってしまった。それと共に、折角われわれの耳目に触れた公用語という言葉も、いつの間にか忘れられてしまうことになった。

公用語とは何か、なぜ公用語が必要なのか——これらの疑問に的確に答えることは、簡単ではない。しかし、これからの時代、世界の言語に対して注意を払い、その意識を高めておくことは、ますます必要になってくる。他言語に対する優れた距離感は、他言語についての正しい認識によってもたらされる。われわれの英語学習も、その例外ではない。

英語を日本の第二公用語にしようという考えは、二〇〇〇年一月に発表された「21世紀日本の構想」懇談会の報告書によって、初めて世間に知られるようになった。この懇談会は、当時の内閣総理大臣小渕恵三の諮問《しもん》機関で、日本の変革の方向について多角的な視点から検討を重ねていた。そのまとめとして提出されたのが、『日本のフロンティアは日本の中にある』という報告書である。この報告書全体は、日本の将来構想に関する提言であり、英語第二公用語化についての考えは、「総論」の中程にある「グローバル・リテラシーを確立する」という項の中に登場する。

懇談会は、河合隼雄を座長とする一六名のメンバーで構成されていた。比較的よく知られた名前としては、宇宙飛行士の向井千秋、富士ゼロックス会長の小林陽太郎、評論家で大阪大学名誉教授の山崎正和などが挙げられる。その中で、公用語の問題を主導したのは、朝日新聞社の船橋洋一だと考えられる。それは、彼の著書『あえて英語公用語論』（文藝春秋、二〇〇〇）がこの報告書の七ヶ月後に出版されたことからも、ほぼ間違いないと思われる。

船橋の右の本は、報告書から英語公用語論の箇所だけを抜き出し、報告書の中では語ることのできなかった思いを忌《き》憚《たん》なく述べたものである。船橋は、この本の中でさまざまな問題を取り上げながら、日本において英語を公用語にする必要性を説いている。しかし、その内容は、必ずしも説得力のあるものとは言えず、結果的に多くの反対意見を招くことになった。その原因の一つは、英語を公用語にするという提案そのものの意外性にあったと思う。加えて、その意外性を支える論述が強引であったことも原因していると思う。ただ、英語を日本の公用語にというのは、大胆な考えである。懇談会は、そのあたりのことは十分承知した上で、「あえて」この問題を提案したのだろう。理論的な支えは不十分だが、危機意識のないまま続けられている日本の英語教育に思い切った刺激を与えたかったのだと思う。座長の河合隼雄は、朝日新聞社のインタビューに次のように答えている。

実は当初、「第二公用語」にまで踏み込むつもりはなかった。迷っていた。しかし「生きた英語教育の充実」ではインパクトに欠ける。それに、子どもでも一部ではやすやすと英語を使ったインターネットを使いこなすようになってきた。もちろん、英語での交信もやってのける。さらに、英語を含む多言語のシンガポールの実状などを見聞するうちに気持ちが変わったんです。（『朝日新聞』二〇〇〇年四月四日付朝刊）

たしかに、この提案には、いくつかの不備があるが、同時に、英語学習に対する日本人の意識を具体的な目標に結びつけたという功績もある。さらに、英語を日本人の実用語にまで高めようという発想には、日本人の多くが抱いている気持を代弁しているところがある。その意味で、英語公用語論を見直すことは、そのまま、われわれ自身の英語に対する考え方を見直すということでもある。以下、報告書および『あえて英語公用語論』の記述を参考にして、この提案が抱えている問題意識、すなわちわれわれ自身の英語についての問題意識を検討しようと思う。

†英語公用語論の論理

英語公用語化の提案主旨を正確に摑むために、関連する文章を、報告書の中から抜き出して見る。少し長いが、前後の関係を捉えるために、その箇所を全文引用する。

グローバル化と情報化が急速に進行する中では、先駆性は世界に通用するレベルでなければいけない。そのためには、情報技術を使いこなすことに加え、英語の実用能力を日本人が身につけることが不可欠である。

ここで言う英語は、単なる外国語の一つではない。それは、国際共通語としての英語である。グローバルに情報を入手し、意思を表明し、取引をし、共同作業するために必須とされる最低限の道具である。もちろん、私たちの母語である日本語は日本の文化と伝統を継承する基であるし、他の言語を学ぶことも大いに推奨されるべきである。しかし、国際共通語としての英語を身につけることは、世界を知り、世界にアクセスするもっとも基本的な能力を身につけることである。

それには、社会人になるまでに日本人全員が実用英語を使いこなせるようにするといった具体的な到達目標を設定する必要がある。その上で、学年にとらわれない修得レベル別のクラス編成、英語教員の力量の客観的な評価や研修の充実、外国人教員の思い切った拡充、英語授業の外国語学校への委託などを考えるべきである。それとともに、国、地方自治体などの公的機関の刊行物やホームページなどは和英両語での作成を義務付けることを考えるべきだ。

長期的には英語を第二公用語とすることも視野に入ってくるが、国民的論議を必要とする。まずは、英語を国民の実用語とするために全力を尽くさなければならない。

これは単なる外国語教育問題ではない。日本の戦略課題としてとらえるべき問題である。(傍線は筆者)

傍線を引いた箇所に注意を払うと、ここには、次のような論の運びが見えてくる。

英語は国際共通語である

←

日本人は英語を身につけなければならない

←

そのためには、英語を日本人の実用語（できれば公用語）にする必要がある

これは、思い切った意見であるが、同時に、強引でもある。その強引さには、あえて言えば、全体主義的な雰囲気がある。英語が必要だから、日本人は英語を学ばなければならない、そうしなければ日本が危ないといった論旨である。そして、そのためには、英語を公用語にするくらいの思い切った措置が必要であるというのは、どう見ても、全体主義の考え方である。全体主義のどこが悪いと言われれば仕方がないが、私は、英語教育にそのような方向付けをする必要はないと思っている。いずれにしても、報告書さらには『あえて英語公用語論』には、われわれ自身の反省に立って見直すべき点が多く含まれている。以下、公用語の問題に焦点を当てながら、われわれ自身の英語観を再確認してみよう。

†英語は国際共通語か

まず、「英語は国際共通語である」という点は、どうだろう。この部分については、特に異論はないという人も多いのではないだろうか。「世界語」、「世界のリンガ・フランカ」、「国際語」と、「国際共通語」のほかにも英語について用いられる表現は多い。どれも英語の国際的通用性を強調したものである。事実、英語は、世界で最も広範囲に使用さ

れている言語である。表2は、グラッドル David Graddol（『英語の未来』、研究社出版、一九九九）に紹介されているグラフを書き直したもので、世界で出版されている書籍の言語別割合である。

英語の普及は、書籍の世界だけではない。インターネット、観光産業、国際電話、国際機関、学術研究と、およそ英語の進出とその優勢を見ない領域はないと言ってもよい。英語を国際共通語と呼ぶ環境は、すでに整っている。もっとも私自身は、英語を国際共通語とは呼ばない。理由は、この言い方が事実を曲げる恐れがあるからである。「英語は国際共通語である」という表現は、事実を述べているのではない。これは、比喩の一種である。「AはBである」という形式を取り、一見無関係なAとBの意味を飛躍的に結びつける強力な比喩である。「あなたは太陽です」とか「人生は旅だ」と

順位	言語名	比率（%）
1	英語	28.0
2	中国語	13.3
3	ドイツ語	11.8
4	フランス語	7.7
5	スペイン語	6.7
6	日本語	5.1
7	ロシア語	4.7
8	ポルトガル語	4.5
9	朝鮮語	4.4
10	イタリア語	4.0
11	オランダ語	2.4
12	スウェーデン語	1.6
13	その他	5.8

表2　言語別書籍出版点数の比率

いった表現が、これにあたる。しかし、力強いだけに、AとBの関係にウソが入り込んだ場合、その与える影響もまた大きい。

話が少しずれるが、この点に関係する小説があるので紹介しよう。ハンガリーの作家アゴタ・クリストフ Agota Kristof の『悪童日記』という小説がそれで、クリストフは、主人公の幼い兄弟をして次のように語らせている。

「良」か「不可」かを判定する基準として、ぼくらには、きわめて単純なルールがある。作文の内容は真実でなければならない、というルールだ。ぼくらが記述するのは、あるがままの事物、ぼくらが見たこと、ぼくらが聞いたこと、たとえば、「おばあちゃんは魔女に似ている」と書くことは禁じられている。しかし、「おばあちゃんは魔女と呼ばれている」と書くことは許されている。「〈小さな町〉は美しい」と書くことは禁じられている。なぜなら、〈小さな町〉は、ぼくらの眼に美しく映り、それでいて他の誰かの眼には醜く映るのかも知れないから。同じように、もしぼくらが「従卒は親切だ」と書けば、それは一個の真実ではない。というのは、もしかすると従卒に、ぼくらの知らない意地悪な面があるのかも知れないからだ。だから、ぼくらは単に、「従卒はぼくらに毛布をくれる」と書く。

クリストフの意図は、明らかである。英語を国際共通語と呼ぶことは、たしかに時流にあっているように見える。しかし、そのように呼んだ瞬間に、ある種の嘘が入り込み、不要な思い込みを招いたりする。英語さえできればとか、英語ができなければという発想は、その一例である。英語は、これこれである、と事実を述べるのはよい。英語は、現在、世界で最も広範囲に使用されている言語であり、これを学ぶことには実際的な意味があると述べるのは正しい。その上で、英語学習を勧めること、英語とのバイリンガルを目指すこと、これは理に適った判断であり、自由な行動である。しかし、英語は国際共通語だと断定して、だから学ばなければならないというのは単なる押しつけである。

†日本語は捨てる？

報告書は、「英語の実用能力を日本人が身につけることが不可欠である」と言っている。たしかに、話の前後から、これからの時代を英語なしに乗り越えていくのは難しいような印象を受ける。英語ができなければ何かが不足している、そんな錯覚すら覚えそうである。しかし、ここにも、言葉の魔術が働いている。

この場合の日本人とは、誰のことなのだろうか。それは、全ての日本人という意味なのだろうか。それとも、国際的に活躍する日本人という意味なのだろうか。引用（報告書）の後半部分に「日本人全員」という言葉が見られ、さらに、公的機関云々とあることから、それは、全ての日本人という意味で使っているのだろう。しかし、日本人全員に実用的英語能力を期待することが現実的でないことは、報告書を書いた委員の方々も承知していたのではないかと思う。けれども、もし彼らが、日本人全員に英語学習を義務づける一方で、その成果を一部の日本人の上にのみ期待してこのようなことを言ったのだとすると、不誠実である。結果的に英語を使えるようになるのは数パーセント、と考えていたとすれば、それは、国民に対する詐欺行為である。一方、もし彼らが、これを実現可能な目標であり、そのために国の隅々に至るまで英語化しなくてはならないと信じた上でこの文章を作成したのであれば、誠実ではあるが、無謀である。

英語を日本人の実用語にと言うが、人がバイリンガルになるのは、思うほど簡単なことではない。一人の人間にとって、言語は、本来一つあれば十分である。少なくとも、われわれの原始の姿はそうであったに違いない。バイリンガルは、言語が接触する場所に生まれる。前章でも述べたように、言語は、いくら接触しても融合はしない。赤ん坊は、二つの言語にさらされたからといって、その二つを混ぜ合わせて三つ目の言語を作りはしない。起こるのは、言語の取り替えか、その両方を身につけるかのどちらかである。

報告書の記述は、われわれにそのどちらを求めているのであろうか。まさか、日本語と英語を取り換えようと言うのではないだろう。とすると、日本人にバイリンガルになるよう求めていることになるが、そこに示されている手段は、まるで日本語を捨てろと言っているような印象を与える。たとえば、国、地方自治体などの公的機関の刊行物やホームページなどは和英両語での作成を義務付けることを考えるべきとあるが、その意図は理解しにくい。かりにそれが実現したとして、役所や郵便局の窓口に日本語と英語のパンフレットがあるとしよう。あなたは、そのどちらを手にするだろうか。私なら、特別な事情がない限り、日本語の方を選ぶ。わざわざ英語で情報を得る理由がないからである。素直に考えれば、誰もが同じ結論になるだろう。この報告書を作成した方々も、同じ場面に置かれたら、恐らく日本語のパンフレットを手にするのではないだろうか。

とすると、この提案のねらいはどこにあるのだろう。この提案を活かすためには、そしてその実現に使われるはずの膨大な予算を無駄にしないためには、われわれは英語のパンフレットを選ばなくてはならない。まるで日本語を捨てろと言っているかのような印象は、ここから来ている。もっとも、この提案がそのようなねらいを持って書かれたとは思えない。公的機関の刊行物を日英両語で作成するという案の本当のねらいは、別なところにあると考えた方が自然である。報告書や『あえて英語公用語論』の記述を見ると、それは、移民のための行政サービスに関係があるらしい。英語公用語化案と移民の関係については、後ほど取り上げる。

報告書の前半部分と照らし合わせてみると、引用部分の記述にはある思いこみが働いていることがわかる。その思いこみは、危機感と言い換えてもよい。日本人は英語ができない、このままでは世界に後れをとる、といった強迫観念が働いている。たとえば、報告書には、日本（一九九八年）のＴＯＥＦＬ（英語能力試験）の成績がアジアで最下位だったことを持ち出して、コミュニケーション能力の欠如を嘆いている箇所がある。その上で、「コミュニケーション能力の欠如は日本人自身が痛切に感じているところである。日本のよさや日本の真実を世界に伝えたいと念じながら、それが思うに任せない気持ちを多くの日本人が持っている」と述べて、われわれの感情的同意を求めている。これは、少し大袈裟ではないだろうか。まるで、鎖国時代か明治の始めの日本のようである。日本のよさも日本の真実も、伝わるべきものは、既に世界に伝わっている。交流はもう十分であり、これ以上は必要ないと言っているのではない。私が言いたいのは、世界は、そしてわれわれ自身も、相手が品を揃えて目の前に積んでくれるのを待つほど怠惰ではないということである。われわれは、見たいことや知りたいことがあれば、自分から積極的に出かけていく。中国のことが知りたければ中国へ、イギリスのことが知りたければイギリスへ、進んで心を向け、身体を運ぶ。少なくとも、相手が日本語で説明してくれるまで、じっと待ったりはしないはずである。世界も、同じである。国際交流を支えるのは、好奇心や積極性ではあっても悲壮感ではない。

　われわれは、これまでも、日本人は英語ができないと繰り返し聞かされてきた。今、また、「できない」である。このままでは日本が沈没しかねないといった調子で、奮起を促される。だが、そのような悲観的かつ脅迫的な発想では、悲壮感は鼓舞《こぶ》できても、積極性は育ちにくい。第一、日本は、英語が理由で沈没したことは、これまで一度もない。日本が戦争で負けたのは、英語ができなかったからではない。日本人は英語ができないと言うのであれば、昔は、今以上にそうであった。国際化は、今に始まったことではない。幕末は、そして明治は、日本にとって、今日以上に緊迫した国際化の時代だったはずである。

　私は、英語第二公用語の考えに初めて接したとき、図らずも、漱石の「私の個人主義」を思い出していた。漱石は、個人主義を、義務を伴った自由主義であり、その義務と自由は、「道理」によって導かれるべきであると考えていた。その上で、事あるごとに国家を持ち出して個人の選ぶべき道を奪い去る愚を訴えた。また、国家主義と個人主義は対立するものではなく、真に国家存亡の機がくれば、個人の自由は自然に制限される道理で、その必要もないのにやかましく騒ぎ立てるべきではないとも述べている。われわれは、一〇〇年前の漱石の訴えを、今一度自分たちの前に据えて、その中身を振り返ってみるべきではなかろうか。健康な個人主義の何であるかを、今一度考えてみる必要があるのではないだろうか。

ところで、このように述べたからといって、私が英語を否定していると勘違いされては困る。英語に限らず、新しい言語は、新しい世界への入り口である。私が批判しているのは、その新しい言語を英語に限定し、われわれをその入り口にむりやり立たせようとする姿勢である。決して、英語そのものではない。英語はもちろん、どの言語でも、その切り開いてくれる先は、広くて深い。どの言語を手にしてどの扉の前に立つか、それを決めるのは、われわれ自身である。その結果、英語が選ばれたとすれば、それはそれでよいのである。ただ、そのことと英語を公用語にすることとを短絡的に結びつけてはいけない。

†公用語の環境

公用語とは何か。この問いに対して的を射た説明ができる人は、案外少ないかも知れない。何よりも、この言葉は、われわれ日本人には馴染みが薄い。しかし、それも当然なのである。

公用語という言葉を使うためには、まずもって、その社会に複数の言語がなければならない。複数ある言語のうち、どれを国の代表言語にするのか。これが、公用語の問題である。その場合、代表となる言語は、二つ以上あってもかまわない。いま議論している英語公用語論も、英語を日本における第二の代表言語に仕立てようとする提案である。ただし、複数の公用語は、役割分担が前提である。船橋の主張は、残念ながら、この視点が抜け落ちている。その点を、懇談会のメンバーが参考にしたというシンガポールを例にとって説明しよう。

シンガポールは、移民が作り上げた国である。二〇〇〇年の国勢調査では、中華系、マレー系、インド系の割合は、それぞれ、七六・八%、一三・九%、七・九%となっている(Singapore Census 2000)。シンガポールの公用語は、独立時の一九六五年に定められた英語、マンダリン(北京官話)、マレー語(=国語)、タミル語の四つであるが、これは、複雑な民族構成が生みだした苦肉の策である。歴史的経過は割愛するとして、英語は、現在シンガポールに欠かすことのできない言語になっている。その英語の役割は、二つある。一つは、多民族国家シンガポールを統合する国内的な機能、もう一つは、国際的な言語としての対外的機能である。現在のシンガポールでは、英語の持つこの二つの作用が、民族的な衝突を回避する形で、適度な相乗効果を生みだしている。もちろん、英語以外の言語は、民族語として、地域、仲間、家族、職場などさまざまな場面で使い分けられている。

ところで、ここに見る英語の二大機能は、シンガポールに特徴的というよりも、旧英植民地に共通の現象である。旧英領で現在も英語を使用している国では、シンガポールの場合同様、英語に対して、国内的には統合の、対外的には経済発展の舵取りの役目を期待している。ただ、民族的な対立や経済的に未熟であるといった条件的な違いによって、シンガポールほどうまく機能していないのである。シンガポールは、この二つの機能が効果的に共存している比較的珍しい例である。いずれにしても、既存の言語の中に英語が割り込んできた場合、よそ者である英語が果たしうる役目は、この二つしかない。すなわち、国内の騒動を治める調停役と他の言語が苦手とする渉外係の二つである。

報告書の提案および船橋（二〇〇〇）には、右の視点が欠落していた。英語を日本に持ち込むに際して、肝心の役割分担が見えていなかったのである。英語を不用意に持ち込もうとしたために、混乱が起こったのである。日本語の役割を英語に譲るということであるが、そんなことができるだろうか。われわれは、日常生活において、日本語で不自由するようなことがあるだろうか。現在の日本語は、人間のあらゆる活動に対応できる数少ない言語の一つに成長している。日本語で間に合わない分野は、何一つないと言ってよい。さらに、日本には、日本語の勢力を脅かすような言語は存在せず、民族紛争も皆無である。英語は、日本にやってきても、仕事がないのである。しかし、英語を第二の公用語として提案する以上、然るべき役割を用意しなくてはならない。英語と日本語で同じ仕事を共有する――これが、船橋の得た結論である。

†循環論法

日本の第二の言語に取り立てる以上、英語にそれ相応の仕事を引き受けてもらわなければならない。しかし、日本語で間に合っている社会で、一体、何をやらせればよいのか。先に示した報告書からの引用では、その点がはっきりしない。これについては、船橋（二〇〇〇）に具体的な記述があるので、それにしたがって論述を進めよう。第二公用語としての英語のイメージは、次のように描かれている。

> 公用語を定める法律では、英語を第二公用語とする。政府が、英語を日本社会において「外国語」ではなく「第二言語」の地位に高め、社会生活一般で広く使われる言語として認知する。そのために英語の普及サービスに対するさまざまな補助、助成を行うこととする。制度づくりを進めていく。（二〇三～〇四ページ、傍線は筆者）

船橋は、まず右のように断った上で、英語に次のような役割を与えることを提案している。

中央政府においては、次の文書は日本語と英語の両方で記す。（以下は例示である）

官広報・中央官庁文書

予算書

法廷（英語人が当事者となった場合）

特許申請

著作権登録

中央、地方を問わず、緊急時使用用語（警察、消防、地震・災害、交通、その他）は、日本語と英語の双方で通知するシステムを完備する。

国会で成立した法律と国会の議事録は日英両語で作成する。

医薬品と消費商品の品質ラベルをすべて日英両語とする法律を制定する。

公立学校において、小学校から高等学校までのイマージョン一貫英語教育を導入する。

（二二二〜二二五ページ、傍線は筆者）

注目していただきたいのは、傍線部分である。船橋は、英語を「社会生活一般で広く使われる言語」と認知した上で、その社会生活一般に関わる部分を日本語と英語に共有させようとしているのである。繰り返すが、役割の「分担」ではなく、「共有」である。しかし、「共有」とは、そもそも不安定なもので、とくに言語同士の場合、不安定を通り越して、不可能に近いのである。

一人の人間が同じ目的のために二つの言語を利用するというのは、あり得ないとは言わないが、不必要であるし非現実的でもある。郵便局で切手を買うのに、今日は日本語、明日は英語などと使い分けて楽しむ人はいない。日本語で間に合う作業に英語を使うなど、私だったら御免蒙《こうむ》りたい。第一、そのような不要不急の目的のために英語を学ばなければならないとすれば、多くの日本人は迷惑に思うだろう。

ここでは、論理が逆転している。英語公用語化案は、必然性があってというより、日本人の英語力を高める手段として提案されたのである。日本人は英語ができない→何とかしたい→日本人が英語を使う環境を作ればよい→英語を公用語にすればよい→英語は国際共通語である——恐らく、これが船橋の論理であろう。英語公用語化の案は、日本人をバイリンガルに育てるための方便であって、真にその必要があって提案されたものではなかったのだ。

船橋は、この循環論を断ち切るために、移民国家日本のビジョンを持ち出している。日本人をバイリンガルに、日本をバイリンガル国家にしようと考えたのである。しかし、移民と英語は簡単に結びつけられない。日本への移民に対して英語を用意すればよいというのは、思い込みである。移民が英語を話すとは限らないのである。むしろ、移民の性格からして、英語のできない可能性の方が高いと考えた方がいい。文部科学省の調査によると、日本語教育が必要な在日外国人の子どもの数は、二〇〇一年九月時点で一万九千人を超えている。その言語別内訳は、ポルトガル語が全体の三九・一%、ついで中国語二八・七%、スペイン語一二・五%の順となっている。将来の移民が、この言語構成を大きく変えて英語に傾斜するとは考えにくい。

†多言語社会と多言語主義

多言語社会を目指す、と人は言う。「私たちが目指すのは日本語と英語が同時に使用されるバイリンガル社会です」と公言する政党もある。では、多言語社会とは、バイリンガル社会とは、一体、どんな社会なのだろうか。多言語社会とは、多くの言語が用いられている社会のことであり、バイリンガル社会とは、二つの言語が併用されている社会のことである。そこまでは、簡単に理解できる。それでは、それらの言語は、誰によって話されているのだろうか。それは、どのように用いられているのだろうか。ここまでくると、問題の難しさが見えてくる。

　昔のことはわからないが、現在の日本人は、多言語社会で暮らした経験がない。日本には、アイヌ語や琉球語といった土着の言語の他に、朝鮮語や中国語など、実際に利用されている言語も少なくない。しかし、全体としてみれば、日本語の勢力は圧倒的で、日本を多言語社会と呼ぶ人はまずいない。「日本＝日本語＝日本人」の等式に寄りかかっている日本人は、依然として多いと思われる。そのせいかどうか、日本人は、総じて、他言語との距離の取り方が下手である。「受験英語」という実体のない概念にしがみついたり、「ネイティブ・スピーカー」を万能神のように崇めたり、「役に立つ英語」が金で買えると錯覚したりと、間合いを見誤った例には事欠かない。多言語社会についての理解も、油断をすると、同じ見当違いの上に立っている恐れがある。

　多言語社会を目指すというとき、注意しておかなければならないことがある。案外気づきにくいことであるが、われわれが言う「目指す」と、例えばシンガポール人が言う「目指す」とでは、その意味に大きな違いがある。既に述べたように、バイリンガルにしてもマルチリンガルにしても、個人的な場合は別にして、社会的には、環境の産物である。むりやり作り上げるものではない。多言語社会も同様で、それは、既に存在しているものであって、新しく作るべきものではない。シンガポール人が多言語主義を標榜すると言えば、それは、現存する複数の民族と言語を公平な立場で受け入れ、然るべき権利を認めようという意味なのである。決して、日本語やドイツ語を招待すると言っているわけではない。多言語主義を前面に打ち出しているEUにしても、事情は同じである。シンガポール人にとっての多言語主義とは、既存の言語を優勢言語の都合で否定するのではなく、互いに身の立つように考えようということなのである。

一方、日本人の「目指す」は、どうも別なことを意味しているとしか思えない。「日本語と英語のバイリンガル社会を目指す」は、その典型である。それは、存在しないものを求めるという意味で、現実の観察に基づいた発言にはなっていない。

多言語社会を目指すと言うとき、その目指す社会を具体的に描き出すのは簡単ではない。われわれは、多言語社会に不慣れである。多言語主義を標榜する人も、その行き着く先を想像できているとは限らない。観念的には描けても、それを現実的に捉えることができない。われわれの目が、朝鮮語や中国語、ポルトガル語やスペイン語に向けられないのは、そのよい証拠である。仮想移民を英語話者に仕立てて対応をせまるのも、同根の発想である。他言語との間合いは、あちこちで狂いを生じている。

もう一つ、押さえておかなければならない問題がある。多言語社会とは、多くの言語が用いられている社会のことだが、では、それらの言語は、誰がどのように使っているのか。

この問いにも、答えておかなければならない。

われわれは、多言語社会と聞くと、その住人がみんないくつもの言語を話していると、つい思ってしまう。多言語社会を漠然と思い描いている場合には、特にそうである。しかし、事実は違っている。バイリンガル国家カナダを例にとって説明しよう。カナダの公用語は、英語とフランス語である。バイリンガルであるのは、国民の一部（ケベック州を除くカナダ全土で五％）に過ぎない。だが、カナダは、基本的に、英語の国なのである。国家と社会は違うと言う人もいるかも知れないので、さらに、バイリンガル社会の代表選手、ケベック州に登場してもらおう。ケベック州は、カナダの中でも例外的な存在で、フランス語話者が住民の八〇％を占めている（東照二、『バイリンガリズム』、講談社、二〇〇〇参照）。しかし、だからといって、その住民がバイリンガルというわけではない。バイリンガル教育の代名詞のようなイマージョン教育（次項参照）も、ケベック州で始まったものである。このような教育法が編み出されたのは、それが必要とされたからである。ケベック州ですら、じっとしているだけでは、バイリンガルの誕生を保証できないことがわかる。

われわれの思いこみは、場面を多言語社会に移すと、さらにはっきりする。カナダから、スイスに移動しよう。カナダがバイリンガル国家なら、スイスは、代表的なマルチリンガル国家である。公用語は、ドイツ語、フランス語、イタリア語、ロマンシュ語の四つ、その話者比率は、それぞれ、六三・九％、一九・五％、六・六％、〇・五％（Swiss Census 2000）である。また、国土面積は、日本の約九分の一である。言語の数といい、国土の狭さといい、「バイリンガル社会日本」の可能性を探るには手頃である。

スイス国民は、四つの言語が話せるだろうか。もちろん、答は「ノー」である。彼らが自然に四つの言語を習得するなどということは、決して起こらない。互いの言語は、学校教育を通して学びあわなくてはならない。しかし、それはタテマエで、実際には、互いの言語を飛び越えて英語学習を優先する者が増えている。弱い立場のロマンシュ語の場合、その将来すら懸念されている（『日本経済新聞』二〇〇一年一一月一八日付）。

バイリンガルやマルチリンガルは、複数の言語の存在によって自動的に生みだされるわけではない。多言語社会だからといって、その住民がマルチリンガルだということはないのである。カナダやスイスの実態と重ねれば、日本をバイリンガル社会として想像することの難しさがわかると思う。言語は、法律や制度を整えたからといって身につくものではない。言語は、集団的な存在であると同時に、きわめて個人的な面を持っている。一人ひとりが学ぶ目的と意欲を持たなければ、周りがどんなに力んでも効果は現れない。個の存在が認められる集団こそが、バイリンガル社会であり多言語社会なのである。その意味で、世界は、依然として、多言語社会の理想からはほど遠い位置にあると思わなければならない。

†バイリンガルとイマージョン

船橋（二〇〇〇）は、日本人の多くを日本語と英語とのバイリンガルにする必要がある（一三ページ）と述べている。さらに、三〇年後のバイリンガル人口を日本人全体の三〇％、中央政府職員については五〇％と、具体的数字をあげてその計画を示している（二二〇ページ）。バイリンガルの程度にもよるが、簡単に達成できる数字ではない。しかも、与えられた期間は、三〇年である。船橋は、これをどのように実践しようと考えていたのだろうか。報告書に示されていた方法をまとめれば、およそ次の通りである。

一、学年にとらわれない修得レベル別のクラス編成
一、英語教員の力量の客観的な評価や研修の充実
一、外国人教員の思いきった拡充
一、英語授業の外国語学校への委託

これでは、いかにも不十分である。単なる英語教育の改善案に過ぎない。これで間に合

うのなら、既にバイリンガル社会日本が誕生していなければならない。今になって日本人の英語力云々という必要はなかったはずである。船橋も、右の案が決定打になるとは考えていなかった。船橋は、イマージョン教育の助けを借りてこれを実現しようと考えた。ついでながら、イマージョンという言葉は、報告書には現れない。

イマージョンは、英語で immersion と綴《つづ》る。「どっぷり浸けること」といった意味である。生徒を英語漬けにする、これが、英語イマージョンのイメージである。では、いつ、どうやって英語漬けにするのか。イマージョン教育は、開始期やその程度によって、初期～、中期～、後期～とか部分～、全～とかの区分があるが、その内容については割愛する。開始期や程度も大切であるが、イマージョン教育の最大の特徴は、その方法にある。他教科を目標言語で教える――これが、イマージョン教育の目玉である。英語イマージョンでいうなら、理科や体育を英語で教えるというやり方である。多くの科目を英語で教えることによって、生徒が英語に触れる機会は格段にふえる。うまくすれば、生徒は、毎日、シャワーを浴びるように英語に触れることになる。

ここまで聞くと、イマージョンは、バイリンガル教育の理想的な方法のように映る。実際に、この方法を後押しする研究者もいる。しかし、ことは、それほど簡単には運ばない。船橋も、これを推薦したものの、その実践には難題が待ちかまえていることを承知していた。しかし、以下に述べる問題点を深刻に検討した様子は、著書の記述からは窺えない。

かりにイマージョンが理想のバイリンガル教育法だとしても、その実践は、困難を極める。公立学校の場合、とくにそうである。最も難しいのは、能力のある教師の確保である。イマージョン教育の場合、教師は、まずもって母語と目標言語のバイリンガルでなければならない。さらに、教科についての知識や指導技術を求められる。これは、カナダのようなバイリンガル国家にとっても難題なのである。日本のような言語環境では、バイリンガル教師の確保はおぼつかない。東照二（二〇〇〇、一五四〜五八）を借りて、実践上の難しさを整理しておこう。

◇熱意、技量をもったバイリンガル教師の不足。とくに、日本のような国では英語母語話者で日本語も堪能なバイリンガル教師を確保するのは至難の業である。

◇これらの教師はただバイリンガルであるだけでなく、言語教育の専門家であり、教科の専門家でなければならない。

◇これらの教師には、かなりの知識、指導技術が要求されるため、そのトレーニングや養成も困難である。

◇教えられる側、とくに親のイマージョン教育に対する態度、意識が教育の効果を大ききく左右する。

◇これまでの研究結果が示すように、イマージョン教育の効果はすぐには現れない。長い目で見ながら対処することが必要で、場合によっては、一年やってもその効果が現れないばかりか、一見、逆効果とも思える事態になることがある。そのため、イマージョン教育を成功させるには、一種の宗教的とでもいえるくらいの絶大な信頼が求められる。

◇教室の外では第二言語に触れる機会がほとんどない、あるいはプログラムが終了してからの第二言語使用の機会がほとんどないといったことで、せっかく築き上げた第二言語の保持・発展が困難である。

◇話し言葉、日常会話的なものは、習得するのも速いが忘れるのも速い。バイリンガルであり続けるためには、日常会話以上のもの（たとえば、書き言葉、認知的に高度の言語能力）を身につける必要がある。

問題の所在は、明らかだと思う。私は、イマージョン教育は実行不可能な方法であり、検討の必要すらないと言っているのではない。条件さえ整えば、実践は可能だし、一定の効果も期待できる。しかし、地均《じなら》しもせずにいきなり始めようとすれば、行き詰まるのは目に見えている。さらに、右の指摘から想像できるように、地均しそのものも大変な作業である。東自身も、「このカナダ・スタイルのイマージョン教育が全世界に広まったというニュースは現時点ではまだ聞いたことがないし、近い将来にそうなるとも思われない」（一五四ページ）と言っている。

†英語公用語論とこれからの英語教育

英語を日本の第二の公用語にしようという計画の筋書きは、およそ見えてきたと思う。この計画は、報告書ではわずかに触れられる程度であった。本体が姿を現したのは、船橋の著書においてである。すぐに、活発な議論を呼んだが、その期間は短かった。公表された意見も、提案の無謀さをとがめるものが多く、船橋から見ると、全体として旗色が悪かった。議論が下火になりかかったところへ現れたのが、小学校英語である。やがて、世間の関心は、小学校英語の問題に移っていった。英語公用語論は、机上のプランである。小学校英語は、目の前の問題である。自分の子どもの未来がかかっていると、心に掛ける親も多い。英語を日本の第二の公用語にという提案がいつの間にか忘れられていった背景には、以上のような事情が働いていた。

この章の冒頭で、英語公用語論は下火にはなったが火種はまだ残っていると述べた。その意味は、右の事情と関係がある。小学生に英語を教えるということは、日本人全員に英語を義務づけるということである。英語はこれからの日本人になくてはならない、と言っているのである。これは、まさに、報告書が目指している方向である。視点を変えるなら、「小学校英語」の問題は、形を変えた「英語公用語化」運動と言うこともできるのである。

英語公用語論は、まだ、余力を残している。報告書が出された四ヶ月後の二〇〇〇年五月、民主党は、そのホームページ上に、「英語の第二公用語化についての提言（中間まとめ）」を公表した。「目指せバイリンガル社会！」という看板を立て、「私たちが目指す将来の日本社会は日本語も英語も同時に使用されるバイリンガル社会です。日本国内が他言語を公に受け入れる中で、真の意味で日本人の国際化が実現すると考えます」と述べている。その上で、一〇年後をめどに「公用語法」の制定を目指すとも言っている。一〇年後といえば、数えて六年後である。幸か不幸か、民主党のホームページには、この中間まとめしか掲載されていない。四年後のいまも追加報告はないが、いつ何時、最終報告が出されないとも限らない。新しいきっかけがあれば、さらに具体的な提案が現れる可能性は残っている。

小学校英語が解禁となったのは、英語公用語論の登場から数えて二年後のことである。その三ヶ月後には、「『英語が使える日本人』を育成するための戦略構想」（以下、「戦略構想」）が発表された。国民全体に求められる英語力すなわち中学・高校での達成目標は、次の通りである。

中学校卒業段階——挨拶や応対等の平易な会話（同程度の読む・書く・聞く）ができる（卒業者の平均が英検三級程度）

高等学校卒業段階——日常の話題に関する通常の会話（同程度の読む・書く・聞く）ができる（高校卒業者の平均が英検準二級〜二級程度）

この目標値が妥当なものかどうかは、これから検討されるべきことである。構想の内容よりも、このような構想が出されたこと自体の方に大きな意味がある。これまで、日本は、このような具体的な数字を上げて英語教育の目標を議論したことはない。われわれの多くは、これまで、はっきりとした到達目標を描かないままに英語を学んできた。これからは、教師も生徒もみな目の前に据えられた能力目標を意識しながら英語に取り組むことになる。

日本の英語教育は、確かに変わろうとしている。小学校の英語にしろ、「戦略構想」にしろ、これらがわれわれの前に具体的姿を見せたのは最近のことである。英語公用語論がこれらの計画にどのように関わっていたのかは、わからない。関わりがあったのかどうかもわからない。かりに、英語公用語論がこれらの新しい施策に何らかの刺激を与えたとすれば、その提案には、大きな意味があったことになる。いずれにしろ、これらの施策は、どれも緒についたばかりである。考えなければならないことは、たくさんある。なかでも最大の問題は、小学校英語を通して日本人全体に英語を強制することの意味である。それによって得られるものと失われるものとを、よく考えてみなければならない。今のところ、われわれの目は、得られる（かも知れない）ものの方に吸い寄せられている。一方で、犠牲になる（かも知れない）ものについての議論は、等閑視されている。われわれは、小学校英語がいびつな英語公用語化につながる恐れがあることを忘れてはならない。

第四章

小学校に英語を!

†理念なき小学校英語

二〇〇四年五月のある日、広島県東部のある小学校の校長先生から、講演依頼の電話がかかってきた。依頼の内容は、次の通りである。

自分たちの小学校は、英語を積極的に採り入れるべく、検討を重ねてきた。その成果の一部を発表すべく、一〇月に三年生と五年生の英語授業の公開研究会を開く予定である。ついては、研究会での助言とそれに続いて予定されている講演会の講師を引き受けてもらいたい。

依頼の主旨ははっきりしている。講演を引き受けるつもりで聞き始めた話ではあるが、途中から、これはできないかも知れないと思い始めた。聞けば、私の名前をある新聞の記事で見られたそうである。ちょうど講師の選任に困っており、渡りに舟で電話をかけられたらしい。心配した通りだったので、事情を説明し、この話をお断りすることにした。

私は、子どもに余り早くから英語を教えることに賛成ではない。しかし、小学校への英語導入に反対かというと、必ずしもそうではない。はっきりしろとしかられそうだが、私の考えははっきりしている。ただ、現在の小学校と中学校が一三歳で仕切られているため、答えにくいのである。

小学五年生から中学三年生の五年間――これが、私の想定する英語教育期間である。現在の六三制を四五制にすればよいとも思っているが、制度の問題は、また別に検討されるべきものであろう。表3は、私の構想をまとめたものである。

この表は、私の考える外国語教育の制度的な枠組みを示すものである。備考だけでは誤解を招きそうなので、要点を箇条書きにして補足する。

	学年	備考
小学校	1	外国語を導入せず
	2	
	3	
	4	
	5	外国語（英語）学習開始
	6	（義務的学習期間）
中学校	1	
	2	
	3	外国語（英語）学習修了
高等学校	1	外国語完全選択制
	2	
	3	

表3　外国語教育の枠組み（私案）

小学校の最初の四年間は、外国語（英語）を導入しない。

小学校五年から中学校三年終了までの五年間を外国語（英語）教育の義務的修業期間とする。

この五年間で学ぶ外国語は、現在のところ、対応の遅れから英語をおいて考えにくいが、将来的には、複数の外国語から選択的に学習できることが望ましい。

高等学校では、外国語を選択制とし、かつ、希望者は、第二外国語まで履修できるようにする。

講演依頼を辞退した理由は、おわかりと思う。三年生の研究授業を見せていただいて、なおこの構想を紹介することはできない。かといって、自分の考えを一時的に変更するわけにもいかない。

今、小学校の英語教育は混乱状態にある。以前にも、小学校の先生から、自分は英語を担当することになっているがどうしていいかわからない、と相談を受けたことがある。また、最近になって会話学校に通い始めた先生の話も聞いた。先ほどの電話の校長先生も、自分も英会話を勉強しようかと思うほどですと、切迫感を滲《にじ》ませていた。

小学校英語は、理念も計画も曖昧なまま、ここまでなし崩し的に進行してきた。子どもたちに英語を！という漠然とした焦りだけが、いつの間にか世間に蔓延《まんえん》している。親たちは、英語に対する苦手意識から抜け出せず、せめて子どもだけはと学校側の取り組みに期待を寄せる。しかし、いざ実践となると、事は簡単ではない。開始時期、指導者、指導法、はっきりと絵が描けるものは、まだ何もない。追い立てられるようにここまで来たが、肝心の理念は、いつまで経っても見えてこない。われわれは、どのような将来像を描き、どのような日本人を育てようとしているのだろうか。

†ヨーロッパ言語年

小学校段階で外国語を教えることは、外国語学習の重要性が認識されている今日、とくに珍しいことではない。しかし、早期外国語教育の歴史は、比較的新しい。それが最初のブームを迎えたのは、一九五〇年代のアメリカにおいてである。その後、日本にも紹介され、いくつかの小学校で実験的な指導が試みられ、その意義や効果もある程度認められるようになってきた。ただ、それが焦眉《しょうび》の急のような扱いを受け始めたのは、ごく最近のことである。さらに、冷戦の終結が、その世界的な広がりを加速した。即ち、共産勢力の後退である。ベルリンの壁の取り壊し（一九八九）、統一ドイツ誕生（一九九〇）、旧ソ連崩壊（一九九一）などに象徴されるように、共産勢力は、九〇年頃を境に急速にその勢力を後退させてきた。政治や経済の力関係が変わると、言語間の力関係にも変化が生じる。とくに、外国語教育政策は、直接その影響を受ける。

かつて、旧共産諸国で最も影響力のある言語は、ロシア語であった。しかし、ロシア語の人気は、九一年を境に急速に衰えていった。たとえば、ベトナムは、アセアン加盟をきっかけにロシア語離れを加速し、今では英語教育を最優先している。藤田剛正（二〇〇二）に、一九九八年に行ったというハノイ外国語大学での聞き取り調査の結果が記されている。それによると、受講学生の減少に伴って、これまで八〇人いたロシア語教員のうち七〇人を英語の教員として配置換えしたという。変化がいかに急なものであったかが、よくわかる例である。

このような言語的な変化に、さらにはっきりとした方向を与えたのが、欧州連合（EU）の誕生である。EUは、一九九三年のマーストリヒト条約の発効をもって正式に成立した。二〇〇四年五月一日、旧東欧諸国を中心に新たに一〇ヶ国が加盟し、現在は、二五ヶ国体制に移行している。さらに、トルコ、ブルガリア、ルーマニアが加盟の準備を進めており、マケドニアやクロアチアなども将来の加盟を希望している。EUが目指している方向は、簡潔にまとめれば、統一と多様性の両立である。EUの多言語政策は、自らの方針を維持するための必然的選択である。また、彼らにとっての早期外国語教育は、その政策を実行するための必然的手段だとも言える。

ところで、読者は、ヨーロッパ言語年（European Year of Languages）という言葉を聞かれたことがあるだろうか。ヨーロッパの人たちは、二一世紀最初の年、二〇〇一年をそう呼んだ。ヨーロッパを象徴する言語の多様性に目を向け、その学習を奨励する目的を持って定められた、新しいヨーロッパを記念する年である。その一年間、ヨーロッパ各地でさまざまな記念行事が催され、言語と言語学習を絆とする「ヨーロッパ人」の連帯意識が強調されたのである。次に紹介するのは、その折りの公式スローガンである。スローガンは、さまざまな言語で示されているが、ここでは英語からの翻訳で紹介する。

多言語で生きる (Languages for life)
新しい言語は新しい扉を開く (Languages open doors)
ヨーロッパ——言語のあふれる土地 (Europe — a wealth of languages)

拙訳は、思い切った意訳になっている。いろいろな翻訳が可能なので、読者もご自分で考えてみられるとよい。ただ、このスローガンでは、二つ以上の言語 (languages) が鍵になっている。languages の訳し方に、工夫が必要である。余談はさておき、このスローガンに見られるように、EUを中心としたヨーロッパは、いま多言語政策を柱に教育改革を進めている。その基本は、母語プラス二言語の運用能力である。ヨーロッパ評議会(EC)は、外国語学習の早期化を進め、すべての子どもたちがその基本目標を達成することを期待している。

外国語の早期教育は、世界中で広く研究され、また、実践されてもいるが、その規模と理念の大きさで現在のヨーロッパと比肩できるものはない。この壮大な計画の実行とその成果には、世界が注目していると言ってよい。もっとも、言語学習は時間のかかる作業で、一朝一夕に成果の出るものではない。ヨーロッパ評議会は、使用者の少ない言語や教えられることの少ない言語にも目を向けるよう呼びかけているが、それが期待通りに運ぶとも限らない。計画は、緒についたばかりである。ただ、EUを中心としたヨーロッパの取り組みは、すでにさまざまな波紋を広げている。EUの一員でありながら多言語政策に乗り遅れているイギリスは、加盟国の中で、早期外国語教育が最も立ち遅れている。政策の遅れを心配する意見も後を絶たない。イギリス某大学の言語学科では、ヨーロッパ言語年のスローガン「多言語で生きる」を利用しながら、次のような言い方で学生たちに訴えかけている。拙訳で紹介する。

世界の七五%の人は、英語を話さない
わが国以外のヨーロッパ諸国では、三言語の運用力を目標にしている
わが国の貿易の六〇%以上は、非英語国との取引である

わが国の実業界は、ヨーロッパで最も言語能力が低い

どこか、日本と似ているような気がしないだろうか。これと同じようなレトリックで、英語学習を促された経験はないだろうか。イギリス人に、われわれと同じような言語コンプレックスがあるのかどうかはわからない。ただ、イギリス人が何らかの危機意識を持っているとすれば、その原因は、どうもヨーロッパにあるらしい。ともあれ、ヨーロッパの多言語政策がイギリスの遅れに歩調を合わせるとは考えにくい。ヨーロッパ言語年を皮切りに、外国語教育の早期化に一層の拍車がかかると考えた方がよい。これは、いわば、壮大な言語実験である。そこでは、教育の早期化は、目的ではなく手段に過ぎない。

引き比べて、日本はどうだろうか。われわれは、日本の未来図をどう描いているのだろうか。小学校の英語は、何のための手段なのだろうか。ただやみくもに早期化では、大きな禍根を残すことにもなりかねない。

†アジア諸国の動き

アジアの動きは、活発である。外国語教育の早期化は、既定事実のように進行している。韓国や台湾では、英語を公用語にする意見まで出ているほどである。また、早期教育に取

り組んでいる国では、その開始年齢を徐々に切り下げる傾向が鮮明である。表4は、そのあたりの様子を確認するための簡単な一覧表である。ただ、どの国の場合も、外国語教育政策の背景は単純ではない。実際には、就学率、普及のばらつき、教員不足など、さまざまな原因から、ここに示されたことがそのまま実践されているわけではない。表4は、あくまでも参考資料として読んでいただきたい。なお、小学校の呼び方や教育制度にも違いがあるため、学年は、日本の小学校に合わせたものになっている。

開始学年を見る限り、たしかに、日本の英語教育は、アジア諸国に一歩後れをとっているように見える。ただ、この「遅れ」には、注意が必要である。日本の小学校英語の遅れは、日本全体の立ち後れを意味するわけではない。同時に、アジア諸国の先行は、彼らが日本と比べて優位に立っていることの証でもない。また、先ほども断ったように、英語を小学校に導入しているからといって、彼らの制度が整っているというわけではない。教員、施設、教材、教具、学習意欲など、解決されなくてはならない問題は山積しているのが実情である。「遅れ」を感じているのは、むしろ、彼らであるかも知れない。彼らの先行は、彼らの不安の裏返しであるかも知れない。

私は、日本はなにもしなくてよいと言いたいのではない。その逆で、日本の英語教育は根本的に改革されなくてはならないと思っている。ただ、その場合の対応は、ヨーロッパ

国名	開始学年	備考
韓国	3	必修。1997年に導入
中国	4～5	選択。一部の学校では1年生にも導入
台湾	5	必修。台北市では2002年より1学年に導入
マレーシア	1	必修
モンゴル	5	ロシア語との間で選択必修
インドネシア	4	都市部のみ自由選択科目として
ネパール	4	必修
ベトナム	3	都市部のみ自由選択科目として
スリランカ	1	1999年より必修

表4　アジア諸国の英語教育開始学年

やアジアの物まねであってはいけない。ヨーロッパにはヨーロッパの理念があり、アジア諸国にはアジア諸国の目的がある。形式が整っても、生徒の心が離れていてはなにもならない。私は、日本の英語教育（英語教育に限らない）の最大の弱点は、長いスパンでの方針がないことだと思っている。「ゆとり教育」の騒動は、そのよい例である。われわれには、将来の日本と日本人の姿が描けているのだろうか。一〇〇年後、五〇年後とは言わない。せめて二〇年後、三〇年後の姿でいい。その時の日本の姿を、そしてその日本を背負う人たちをどのように思い描くのか。文部科学大臣がまずもって国民の前に明らかにすべきはこのようなことではないだろうか。

日本の政策的曖昧さは、アジア諸国の間にも不信を招きかねない。二〇〇〇年一一月、第六回アジア太平洋ジャーナリスト会議（財団法人フォーリン・プレスセンター主催）が東京で開かれた。そのときのテーマは、「アジアの発展にとって英語は不可避か？」（"Only English, Please"――A Recipe for Asia's Growth in the 21st Century?）である。この会議には、アジア各国（香港、インドネシア、日本、韓国、シンガポール、タイ）および米国のジャーナリストが参加した。その時の報告が、石塚雅彦（二〇〇一）に見られる。その中に、「なぜ東南アジアで日本人だけいまだに英語が必要だということを理解していないのか」と、外国からの参加者が一様に驚きを示したという話が紹介されている。

このようなことを聞くと、われわれの方もまた驚く。熱心に取り組んでいるぞ、さんざん英語で苦労もしてきた、結果はともかく必要性は十分認識していると、そう反発する人もいると思う。

アジア諸国の批判には、日本の政策的曖昧さが関係している。日本人の一人ひとりの認識は、日本の認識というわけではない。彼らは、日本人の一人ひとりではなく、ひとまとめにした日本人を見ているのである。ひとまとめにした日本人とは、日本という国の方針に他ならない。彼らには、それが見えないのである。見えないから、誤解する。われわれ自身に見えないのだから、彼らに見えないのも無理もない。もっとも、誤解ばかりではない。内側から日本を見ている人もいる。そして、内側から見た日本もまた、批判を免れていない。石塚には、ストレイツ・タイムズ紙（シンガポールの新聞）東京支局長の次のような意見も紹介されている。

日本も他の国々のプロ集団並に英語が話せる一定のプロ集団がどうしても必要になると思う。この目標は全国民に一律に同一のカリキュラムを押しつけていては達成できない。ただ日本では子どもごとに異なる教育などというと物議をかもす。これも日本人が乗り越えるべきメンタリティーだ。

右の指摘は、たしかに日本人の弱点を突いている。それはそれで、われわれの反省すべき点であると思う。しかし、どんな意見も、その人の価値観から自由であることは難しい。一般に、シンガポール人は、英語を前提にものを考えるところがある。英語を身につけるのは当然という前提に立って、そのための方法や失敗の理由を説明する。かつてシンガポール人の友人が、「日本も英語を公用語にすればいい。そうすれば、日本人も英語が話せるようになるさ」と私に言ったことがある。私は、驚くと同時に、国情の違いを説明し、日本人のふだんの生活に英語が必要でないことをわからせようとしたが、説明がまずかったのか怪訝《けげん》な顔をされるばかりであった。

われわれは、外国語という言葉を余り深く考えずに使っている。外国語教育といえば、漠然と英語やフランス語を思い浮かべるところがある。その点は、ヨーロッパやアメリカも同じであろう。そして、この同じというところが、実は問題なのである。

一般に、アジア諸国でいう外国語は、西欧の言語を言う場合が多い。最近は、近隣諸国の言語にも注意は払われているが、外国語教育の中心は、西欧の言語である場合が普通である。少なくとも、伝統的にはそうであった。翻《ひるがえ》って、ヨーロッパではどうだろうか。彼らの外国語もまた、英語やフランス語やドイツ語であり、古くは、ラテン語やギリシャ語であった。この点は、何でもないようであるが、実は、注意すべき問題を含んでいる。

ヨーロッパ人の外国語とわれわれの捉えている外国語は、その根本的意味が違うのではないか。彼らの多言語主義とアジア諸国の多言語主義とは、根本のねらいが違うのではないか。端的に言えば、彼らの言語政策には、日本語や韓国語は入らない。彼らの多言語主義には、アジアの言語は含まれていない。一方、われわれの言語政策は、常に西欧の言語を視野に置く。アジアの多言語主義が、西欧の言語と無縁であることは難しい。

今ヨーロッパ人が目を向けようとしているのは、互いの言語であり、互いの文化である。

これまで争いの原因にしてきたものを、今、連帯の拠り所にしようとしているのである。彼らにとって、外国語は仲間の言語なのである。一方、アジア人の間には、仲間の言語を学び合おうという発想が弱いところがある。これまで西欧にばかり目を向けていたために、互いの言語や文化を振り返ろうという意識が希薄なのかも知れない。アジアは、今また、一直線に英語に向かおうとしている。英語によるアジアの連帯が当然視され、それと共に英語の価値は絶対視されようとしている。先ほどのシンガポール人のような意見が生まれる素地は、すでに出来上がっているのである。

われわれは、もう一度自分たちの周りを見直す時期にさしかかっているのではないだろうか。英語は、今かつてない繁栄を享受している。英語学習の意味を冷静に見直すよい機会かも知れない。日本がそしてアジアが、英語を学ぶことによって何を得ようとしているのか。また、それは、何を失うことになるのか。国際交流や国際理解が近隣諸国を素通りして西欧に向かうのでは、未来のアジアが不幸である。

†日本の対応

日本において小学校への英語導入の問題が議論され始めてから、すでに一五年近くが過ぎている。小学校へ英語を導入しようという考えは、一九九一年一二月に提出された臨時行政改革審議会の答申において初めて公式に表明された。その後、研究開発学校が順次指定され、導入に向けての実験的取り組みが重ねられてきた。一九九六年には第一五期中央教育審議会の答申が出され、その中で、「小学校における外国語教育の取り扱い」に関してさらに踏み込んだ意見が示された。その「取り扱い」の書き出しは、次のようになっている。

小学校段階において、外国語教育にどのように取り組むかは非常に重要な検討課題である。

本審議会においても、研究開発学校での研究成果などを参考にし、また専門家からのヒアリングを行うなどして、種々検討を行った。その結果、小学校における外国語教育については、教科として一律に実施する方法は採らないが、国際理解教育の一環として、「総合的な学習の時間」を活用したり、特別活動などの時間において、学校や地域の実態等に応じて、子供たちに外国語、例えば英会話等に触れる機会や、外国の生活・文化などに慣れ親しむ機会を持たせることができるようにすることが適当であると考えた。

当時の世論を考慮してか、「非常に重要な検討課題」と記述は慎重である。しかし、もし、「非常に重要な検討課題」が言葉通りの意味であるなら、何よりもまず導入の理念が語られなければならない。教科にしないとはいえ、小学生が英語を学ぶことの意味は大きい。単に国際理解というのではなく、審議会が思い描いた日本と日本人について語ってもらいたいと思う。だが、ここでは、行ったはずの検討についての報告が述べられておらず、記述は、全体として、導入を前提に動いているという印象が強い。

いずれにしても、小学校英語は、このようにして二〇〇二年にスタートを切った。理念を欠いたまま、いくつもの問題が先送りされた形で残された。その一つに、教科化の問題がある。右の引用の中に「教科として一律に実施する方法は採らない」とある。これが、当初の方針である。ところが、それに続く文章は、次のようになっている。

小学校段階から外国語教育を教科として一律に実施することについては、外国語の発音を身に付ける点において、また中学校以後の外国語教育の効果を高める点などにおいて、メリットがあるものの、小学校の児童の学習負担の増大の問題、小学校での教育内容の厳選・授業時数の縮減を実施していくこととの関連の問題、小学校段階では国語の能力の育成が重要であり、外国語教育については中学校以降の改善で対応することが大切と考えたことなどから、上記の結論に至ったところである。

いろいろ面倒な問題を抱えているのでとりあえずは試験的にやると言っているだけで、本音は教科として導入したいのではないかと勘ぐりたくなる説明である。加えて、教科として導入しないということは、いくつかの実際的な対応を先送りすることにもなる。「総合的な学習の時間」は、英語の授業を義務づけているものではない。ただし、「国際理解教育の一環として」英語に関わる何かを期待している。こうして、指導者、教材、カリキュラムなどの困難な問題は、方向性を示されないまま、個々の小学校の判断に委ねられることになった。混乱は、推して知るべしである。

私は、政治家が国会で教育の問題を議論するのを聞いたことがない。中教審の答申にもある通り、小学校英語は重要な検討課題である。しかし、何がどう重要なのかは、われわれ国民にはいつまで経っても見えてこない。国の教育方針は、いつも、どこかでわれわれの知らないうちに決められてしまう。二〇〇四年三月一二日付『日本経済新聞』朝刊に、次のような記事が出た。

文部科学省は十一日、小学校段階で英語を教科として必修とすることの可否を検討するよう中央教育審議会に提案した。中教審は既存の教育課程部会に外国語専門部会(仮称)をつくり、来年度中をめどに基本的な方向性をまとめる。ただ、完全学校週五日制や総合的学習の導入で各教科の授業時間はへっており、英語が新教科として実現するかどうかは微妙だ。

小学校英語の必修化は河村建夫文科相が強い意欲を示している。現在、英語は中学校から必修だが、総合的学習に英会話を取り入れる公立小の割合は昨年度で半数を超えた。

これは、どういうことだろうか。九六年の中教審答申では、教科化には踏み切らないとしていた。今回は、必修化に向けて検討を始めるという。中教審答申からは、八年が経っている。成り行きによる方針の変更は、やむを得ない場合もあるだろう。しかし、事情は説明されなくてはならないと思う。九六年の答申で教科化に踏み切らなかった理由は、はっきり述べられている。簡単に列挙すれば、児童の学習負担の増大、授業時数の縮減、国語の能力の育成が重要、中学校以降の改善で対応することが大切、の四つである。必修化を検討するということは、これらの問題に解決の目途《めど》が立ったということである。少なくとも、説明できるだけの新しい提案がなければならない。しかし、私の知る限り、これらの問題に進展はない。新聞も、時間的制約その他の問題で実現は微妙と書いている。

　この記事が出て二週間余りたった三月二八日、文部科学省は「『英語が使える日本人』の育成のためのフォーラム2004」を開催した。挨拶に立った河村建夫文部科学大臣は、「小学校から英語を必修にするにはどうしたらよいのか、中教審で検討してもらう。小学校に英語が入れば、中学校、高校の英語が変わるし、人材の養成をどうするかという問題もある。教える人がそろわないなどと言っていると、いつまでたってもスタートできない」と述べ、小学校で英語を教科として導入することを強調したという（二〇〇四年四月一六日付『日本教育新聞』、傍点筆者）。

　傍点の箇所に注意していただきたい。『日本経済新聞』では、「必修とすることの可否」となっていた。ここでは、「必修にするにはどうしたらいいか」と論点が変わっている。この間、わずか一八日である。『日本教育新聞』の記事が文部科学大臣の言葉を正しく伝えていない可能性もあるので断言はできないが、もし記事が正しいとすると、中教審の検討は単なるアリバイ作りということにもなりかねない。また、検討を依頼した側が先走って結論めいたことを述べるのも感心しない。「非常に重要な検討課題」と認めたのは、中教審自身である。彼らの真摯《しんし》な対応に期待するしかない。

†中学英語の前倒しはいけない？

私は、小学校英語に反対しているわけではないので、そのあるべき姿について自分なりの考えを持っている。しかし、小学校英語に関する意見を調べてみると、どうしても納得できないものがある。その一つが、「前倒し」議論である。小学校英語は中学校英語の前倒しになってはいけない——という主張が、いろいろな媒体を通じて目につくのである。

次に紹介するのは、実際の資料をもとにして作成した想定問答である。前倒しの部分を中心に、原典の意味を損なわないように編集したつもりである。

【ある市議会でのやりとり】

M議員「総合的な学習の時間を英語授業に充てるということだが、主旨が違うのではないか。また、英検五級が目標とのことだが、内容は中学校の前倒しになり、問題ではないか」

教育長「これまで総合的な学習の時間で行っていた英会話活動を発展させるもので、主旨に変更はない。また、小学校段階にふさわしい身近な会話が基本で、文法や単語の習得が中心の中学校英語とは別物であり、前倒しには相当しない」

【ある授業研究会で】

小学校教師「文字の扱いは許されるのですか？」

助言者「小学校段階にふさわしい活動をという学習指導要領の総則の主旨から言っても、また、中学校の前倒し的な授業をしないというコンセプトから言っても、小学校段階での文字指導はするべきではないと思います」

【あるインタビュー】

質問者「小学校英語で、もっとも大切なことは何でしょう」

中学校校長「小学校での英語活動のねらいは、中学校の前倒しではなく、コミュニケーションの手段としての英語にふれさせることです。リーディングやライティングではなく、まずリスニングに力を入れることが大切です」

傍線部分は、特に注目していただきたい箇所である。これらを総合すると、前倒しについての一般的な理解がどのようなものであるか、およそ想像できると思う。ここに示された意見は、いずれもそれなりに理解できるものである。しかし、前倒しはいけないものという前提に立つ意見ばかりで、それがなぜいけないのかという肝心のところがよくわからない。

前倒しは、本当にいけないことなのだろうか。前倒しとは、「予定の時期を繰り上げて実行すること」という意味である。小学校英語の場合、それはよくないことなのだろうか。小学校英語というのは、英語教育の繰り上げ実施ではないのだろうか。

読者は、小学校に英語を導入する場合、何に注意すればよいとお考えだろうか。私は、最も重要な点は開始年齢だと思っている。では、その次に大切な問題は何だろうか。指導者、指導法、教材、配当時間など、考えなくてはならない問題はたくさんある。しかし、開始年齢の次に大切なことは、中学校との連携である。早期外国語教育の実験的研究はこれまでにも数多くなされているが、失敗の理由としてしばしば挙げられるのが、中学校との連携不足、あるいは連携皆無である。小学校で学習が完了するのなら別だが、言語の学習には長い時間が必要とされる。中学校との繋がりがうまくなければ、学んだことが活かされないし、何よりも学習の見通しを立てにくい。

前倒しは、連携と関係がある。先ほどの例から推測して、前倒しがいけないと言う場合、中学校でやっていることをそのままの形で小学校におろしてはいけないという意味であるらしい。では、そのままの形でおろしてはいけないものとは、具体的にどんなことなのか。

それは、指導の内容なのか、それとも指導の方法なのか。

「前倒し」議論では、この点の区別がはっきりしていない。そのため、「英検五級」や「文字導入」が前倒しの例となったり、中学校英語がコミュニケーションを目指していないかのような言い方になったりする。この点は、冷静に考え直さなければならない。中学校英語の目標は何か。これは、はっきりしている。一つは英語の力をつけること、一つは学習を通して自分の世界を豊かにすることである。改めて、中学校英語の目標と小学校の国際理解教育のねらいを比較してみよう。次の引用は、学習指導要領からのものである。

【中学校外国語・目標】

外国語を通じて、言語や文化に対する理解を深め、積極的にコミュニケーションを図ろうとする態度の育成を図り、聞くことや話すことなどの実践的コミュニケーション能力の基礎を養う。

【小学校・総合的な学習の時間の取り扱い】

国際理解に関する学習の一環としての外国語会話等を行うときは、学校の実態等に応じ、児童が外国語に触れたり、外国の生活や文化などに慣れ親しんだりするなど小学校段階にふさわしい体験的な学習が行われるようにすること。

両者の基本方針は、同じである。小学校の記述が強調しているのは、取り扱い上の注意であって、目標の違いではない。私は、「前倒し」議論の勘違いは、目標と指導法の取り違えが原因だと思っている。小学校であろうと中学校であろうと、英語教育の直接の目標は英語の力をつけることでなくてはならない。適切な指導がなされれば、言語や文化の理解そして国際理解は、その結果として育まれるはずである。もしその逆で、英語の力ではなく国際理解が目的であるのなら、別に効果的な方法はいくらでもあり、小学校英語と結びつける必要は全くない。

結論を述べるなら、小学校英語は、中学校英語の前倒しでなければならない。中学校の英語教育は、基礎すなわちゼロからの出発である。英語の力を育むのにふさわしい内容と手順を踏んで構成されているはずである。もし、これが前倒しできないとすると、その内容と手順が間違っていることになる。中学校の英語を前倒ししたのではコミュニケーション能力は身につかないのであれば、中学校英語そのものが学習指導要領の目標を大きく逸脱していることになる。もしそうであるなら、こちらの方が大問題のはずである。

小学校英語が何年生から始まるのかは、今のところはっきりしない。私は五年生くらいが適当であると考えているが、情勢から判断して三年生から導入される確率が高い。いずれにしても、小学校英語が英語教育ではないというなら、特に言うべきことはない。しかし、それが英語教育であるのなら、話は別である。何よりもまず、そのスタート時点から中学三年生まで段階的な一貫教育が考えられなければならない。現在の中学校英語をいったん解体して、全体としての最終目標を立て、それを達成するための段階的指導を計画しなくてはならない。これは、まじめに日本の英語教育を考えるのであれば、是非実行しなければならないことである。

私の言う前倒しは、右のような意味である。もちろん、指導法まで前倒し（？）しろと言っているのではない。ついでながら、この点で参考になるのは、韓国の小学校英語である。韓国が小学校に英語を導入したのは、一九九七年である。英語が、三年生から学年進行で週二時間教えられるようになったのである。最初の生徒は、いま高校生になっている。二〇〇一年九月、韓国の英語教育の様子を観察する機会があった。見ることができたのは、小学三年生、中学二年生そして高校一年生の授業であった。授業はほとんど英語で行われており、その内容も英語力の養成を優先したものになっていた。私の観察だけをもって韓国の英語教育を語ることはできないが、計画的な取り組みの効果を知るよい機会であったと思っている。

†反対者の言い分

小学校への英語導入に反対する人がどれ位いるのかはわからない。それは、無視できない数であるかも知れないし、そうでないかも知れない。また、数が少ないからといって、無視してよい問題でもない。しかし、現実の対応を見る限り、反対者の意見が十分検討されたということはなさそうである。大津由紀雄・鳥飼玖美子（『小学校でなぜ英語？』、岩波書店、二〇〇二）は小学校英語の問題を真摯に問いかけた本だが、その「おわりに」の書き出しは次のようになっている。

小学校での英語教育が話題になりはじめた数年前から、わたくしたちは意見を求められるたびに、反対を表明してきました。テレビでの討論、新聞による取材、雑誌の原稿等々。講演会に行けば必ず質問が出ました。文部大臣諮問機関の懇談会でも議論をしました。そして、わたくしたちは常に一貫してほぼ同じことを言ってきました。しかし、それがいかほどの役に立ったのだろうか、と考えると無力感に襲われます。どこでだれがいつのまに決めるのか、事態は着々と進展し、ほとんどの人は小学生に英語を教えることで浮き足立っているように見えます。

小学校英語に対する反対意見は、大きく二つに分けて捉えることができる。一つは、理念的な反対論であり、もう一つは、教育効果の否定に基づく反対論である。まず、理念的な反対論の例を、先ほどの大津・鳥飼から借りよう。

ユネスコが奨励する外国語教育が、母語の重要性をふまえ、文化的多様性に立脚していることを考えると、日本で実施されようとしている小学校の英語教育は、ユネスコの提唱する「国際理解教育」の理念からは程遠いものであるといわざるをえません。「英語ゲーム」をすることは、真のコミュニケーションに直接つながることはありませんし、異文化への開かれた心を育むことにもなりません。「地球語」としての英語の重要性を十分認識したうえで、あえて公立小学校への英語教育導入に反論する所以です。（九ページ）

この指摘は正しい。英語と国際理解教育には、もともと必然的な関係はない。英語は英語として導入すればよいのであるが、文部科学省は、どういうわけかこの二つを結びつけたがる。その結果、英語による国際理解がまじめな顔で論じられ、挨拶程度の英語が異文化コミュニケーションになったり、異文化理解につながったりする。英語による国際理解というのは、強弁としか思えない。私は、小学校への英語導入が必要であるなら、多くの人が納得できるような理由と方法を示した上で導入すればよいと思っている。文部科学省は、国際化とか国際理解という漠然とした言葉に頼るのではなく、英語教育の理念とその設計図をわれわれに分かる形で示さなくてはならない。

小学校への英語導入に対しては、もう一つ、中途半端な小学校英語では効果がないという立場からの反対論がある。効果がないとする理由は、いろいろである。それらを代表させる意味で、ここでは茂木弘道（二〇〇一）の目次を使わせてもらおう。茂木は、その本の第二章「小学校への英語導入はなぜ無意味か?」で、次のような小見出しを設けている。一部割愛して示そう。

中学英語プラス二〇〇〇時間論
中途半端は時間の無駄
自然に日本語を覚えたという錯覚
子供のころからやれば自然に英語を覚えられるという迷信

これらの見出しを見れば、茂木の考えはおよそ想像できるだろう。念のため全体を補足的に説明する。最初の二つはつながりがある。要するに、英語がある程度（茂木では、TOEIC730点レベル）以上できるようになるためには、中途半端な時間では到底駄目だと言っているのである。また、後の二つも互いに関連している。母語の学習には膨大な時間が費やされており、それを単純に外国語の早期学習にあてはめることはできない。英語を早く始めればできるようになると思うのは、単なる錯覚に過ぎないと言っているのである。いずれも、その通りである。効果の視点に立った反対論は他にもあるが、代表的なものは、ここに示された二つ、すなわち、中途半端な学習時間を指摘する意見と早く始めるほどよいとする考えに対する批判との二つである。

†早ければ早いほどよい？

——誰でも知っているように、言語の学習は早く始めるほど簡単である——

これは、イギリスのブレア首相がある講演で、自国民に外国語学習の早期化の必要性を訴えたときの言葉である。言語学習は早く始めるほどよい、それは誰でも知っている——

まさにその通りである。世界中が同じように考えている。ブレア首相だけではない。ヨーロッパもアジアも、文部科学省も教師も世間の人たちも、多くの人がそう考えていると思ってまず間違いない。では、この考えに反対する人は誰か。証拠を示して反論できる人は、専門の研究者だけである。そしてその数は、この考えの信奉者に比べて驚くほど少ない。この社会的通念が、幻想とか迷信と呼ばれる所以《ゆえん》である。

たいていの人が外国語は早く始めれば簡単に身につくと思っているようだが、そこには、いろいろな勘違いが入り込んでいる。その一つは、母語と外国語の混同である。子どもの母語習得を観察してそれを外国語学習にあてはめるのは、間違いである。外国語の学習を母語と同じようにゼロ歳から始め、その外国語で生活させるというのであれば、うまくすれば子どもは二つの言語を獲得するかも知れない。しかし、その場合の外国語は、子どもにとってすでに外国語ではなくなっている。外国語を外国語として週一、二回程度習うだけでは、いくら早く始めてもその効果は知れている。

また、早く始めるほどよいと言うが、何がどうよいのかについては、あまり話題にならない。言語の学習には、模倣的な学習と論理的な学習の二つの側面がある。論理だけで模倣的訓練を欠いては言語としての用をなさないし、かといって論理抜きの丸暗記と機械的訓練では学習はすぐに行き詰まってしまう。論理的に納得した上で練習に励む、または、練習を通して論理を発見する――言語学習は、この二つの協力がなければ成立しないと言ってもよい。

たとえば、母語の学習を観察してみよう。子どもは、周囲の大人たちの使う言葉を丸ごと模倣しているのではない。子どもの言語習得は、一見模倣的に見えるが、実際には常に論理を働かせながら取り組んでいる。子どもは、やみくもに単語や文を覚えるより、ルールを理解した方が有利だと、教えられなくても知っているのである。たとえば、私の子どもは、「きれいくない」という言葉を使ったことがある。三歳と三ヶ月のときである。「きれいくない」は、大人の模倣ではない。これは、子どもが自分で発見したルールに従ってつくりだした言葉である。「おいしい―おいしくない」「おもしろい―おもしろくない」などを観察して、否定形のルールを抽出したのである。また、アメリカ人の子どもについて、dig や swim の過去形として digged や swimmed を使ったという報告もある。dig や swim は不規則動詞で、その過去形は dug であり swam である。digged や swimmed は、ルールに従った子どもの創作である。

言語学習がルールに支配されているというのは、大切な視点である。子どもは、膨大な量の単語や文を一々覚えていたのでは大変だということを本能的に知っているのである。この点は重要で、外国語学習の場合にも十分に考慮に入れなくてはならないことである。

言語の学習とは、端的に言えば、ルールの学習なのである。しかし、外国語学習は「早ければ早いほどよい」と思っている人の多くは、残念ながらこの点を見落としている。だから、たとえ週一回でもよいから小学校で英語をやってほしいと希望する。八歳よりも七歳、七歳よりも六歳で始めた方が効果が高いに決まっていると思いこんでしまう。

右の点を実際の状況にあてはめて考えてみよう。英語を従来通り中学一年生から始める場合と、それを小学三年生から始める場合では、何がどう違ってくるのだろうか。中学生は、模倣的学習に恥ずかしさを覚え始めるかも知れないが、論理的学習には耐えられる。一方、小学生は、模倣的学習は受け入れても論理的学習への誘導は難しい。いきおい、ゲームや歌が多くなり、簡単な会話練習が中心になりやすい。問題は、小学生がそうした模倣的学習からルールを導き出せるかという点である。母語の場合は、ルールを抽出するのに十分な時間と繰り返しが保障されている。小学校英語の場合、授業時間は多くても週二時間程度である。繰り返し練習の量も限られている。練習がルールの発見に結びつく可能性は、極めて低い。

では、外国語の早期教育は、全く効果がないのだろうか。必ずしもそうではない。しかし、効果は限定的であるというのが、大方の専門家の意見である。彼らの意見は、次の二つに整理される。一つは、「早ければ早いほどよい」という社会的通念は間違っており、外国語学習に関しては、大人の方が子どもより優れているとする立場である。他の一つは、この通念は、部分的には有効であるとする立場である。指摘されている唯一の利点は、発音である。発音は模倣的な要素が勝《まさ》っているため、早く始めることが有利に働く場合が多い。

補足的に述べるなら、これまでの研究成果に従う限り、「早ければ早いほどよい」という仮説は、第二言語習得の多くの過程において無効であるということになる。第二言語習得の中核をなすのは語彙と文法構造の獲得であり、子どもの方が優れているのは発音の領域に限定されるというのである。スコベル Thomas Scovel（二〇〇〇）は、次のように言っている。

> 私の研究では子どものほうが大人より優れた言語学習者でありうるという結果が出ている。ただしこの主張が有効なのは、極めて限られた言語技能、すなわち、ネイティブ並の発音という面に限ってである。しかも、このネイティブ並の発音という能力は、バイリンガルの要件全体から見れば重要度の低いものであるから、これによって「早ければ早いほどよい」という仮説を支持することはできない。（傍線は筆者）

早く始めて効果が期待できるのは、発音の面だけである。そして、かりにネイティブ並の発音を習得できたとしても、それは、コミュニケーション能力全体から見ればそれほど重要ではない。以上が、これまでの研究から導き出される結論である。もちろん、小学校英語のような制約の多い環境でも、指導の方法によっては、語彙や文法の学習にも一定の効果を期待できるかも知れない。しかし、それは、指導者の資質や技量、限られた時間の有効利用、子どもの学習意欲、学習の継続性などの要因が相補的に働いた場合である。外国語学習は、早いうちから親しんでいれば何とかなるほど簡単なものではないのである。

私が小学校五年からというのは、その頃になれば論理的学習を導入できるのではと思うからである。英語導入は、六年生からであっても一向にかまわない。これまで通り、英語は中学生からというのでも困らない。しかし、小学校の低学年や中学年には別に学ぶべき事があるのではないかというのが私の意見である。

†小学校で教えるべきは

小学校教育の目的は何だろうか。これには、いろいろな答え方があると思う。ここでその一々を検討する余裕はないので、言語教育との関係で、私の考えを最もよく代弁している加藤周一（國弘正雄、二〇〇〇）の意見を紹介しよう。原典は、加藤周一と國弘正雄の対談形式となっているが、ここでは加藤の発言だけを抜粋して引用している。

言語の非常に大事な要素の一つは、読んで知識を得ることですね。将来、各分野で国民が必要とするであろうような知識を、あらかじめ学校が教えるということは不可能ですね。たとえば、医者が必要とする知識を、全ての日本人に小学校段階から教えるって、そうはいかないでしょ。

いくらかでもそれをやろうとすると、詰め込み主義になって大変なんです。では、どうすればよいか。ある専門知識が必要だったら、その問題に関する本を読めばいいわけです。しばしば、一般的情報、および高度に専門化された情報を、どういう手段で獲得することができるか。もちろん、言語を通じてですよね。

だから、ドイツ語とかロシア語とか、フランス語とか英語とかというのは、大事なんです。それぞれの言葉を通じて、森羅万象について情報を獲得することができるでしょ。世界の大部分の言語については、そういうことは言えないわけです。それでは、日本人の場合、どういう言語を通じて情報を獲得しているか、獲得できるかというと、第一は日本語です。特別な専門家は別ですが、一般には英語を必要としません。一般的な情報、かなり専門的な情報を獲得するためにも、日本語で十分なんです。ほとんどすべての情報、膨大な情報が手にはいる。それから、第二の言語は数学です。

非常に簡単なことでも、数学なしだとわからないことがたくさんあるわけなんです。数学は難しいっていうのは、あれは逆なんです。数学というのは、要するに、歴史的にみると、物事を易しく簡単にわからせるための手段です。

加藤の一連の発言は、大切な点を分かりやすい言葉で的確に指摘していると思う。小学校教育は、子どもに将来必要となる知識や技術を全て与えることはできない。しかし、そうした知識や技術を得るために必要な基礎的な能力を育てることはできる。なかでも読み書き能力（literacy）と数学的思考力（numeracy）は、あらゆる教育の根幹をなす能力である。この二つは、現代社会を生きていくときの最も基本的な能力として、どの国においても学校教育の中心に据えられている。では、子どもが身に付けるべき基本的能力と小学校英語の関係は、どのように説明できるのだろうか。大津・鳥飼（前掲書）に次のような意見が見られる。

この点についての私たちの考えを端的にいってしまえば、「英語によるコミュニケーション能力の育成」は、小学校に限らず学校英語教育一般の、本質的な目的ではないということです。

そもそも学校教育の第一義的目的は社会的必要性（ニーズ）に直接答えることではありません。現代日本社会が英語を自由に操ることができる人材を多く必要としているということは事実ですが、だからといって、その人材の育成を学校英語教育に直接求めることには議論の飛躍があります。

それは、現代社会において、各種科学技術のために必要な数学的能力をもった人材が多く求められているからといって、そうした人材の育成を学校数学教育に直接求めることはしないのと同じことです。

一般に、学校教育は社会的必要性も含めて、将来、学習者にとって必要となるかもしれない諸能力を身に付けるためのしっかりとした基礎を築くことにその意義があります。学校教育の一環としての英語教育の場合も例外ではありません。将来、学習者が必要とするかもしれない英語のコミュニケーション能力の基礎をしっかりと身に付けさせること、このことこそが大切なことなのです。（一一～一二ページ）

加藤の発言と併せ考えれば、私の述べたいことは、右の引用に尽くされている。言語の学習には、長い時間が必要である。そして、その長い時間の大部分は、ルールの発見とその応用練習が占めている。言語の学習は、本質的に単調な作業の繰り返しなのである。コミュニケーション能力の基礎とは、この単調な作業の繰り返しによって育まれる。母語の場合、退屈しなくて済むのは、習得が生活と直結しているからである。外国語学習が母語の習得過程を繰り返すことができない以上、単調で長い時間を避けることはできない。これは、小学校英語といえども同じである。外国語のコミュニケーション能力とは、その見返りとして手に入るものなのである。もっとも、言語の学習は、本来興味深いものであり、それにかかる長い時間は工夫次第で楽しく、かつ学習効果の高いものになる。その意味では、中学校の英語教育は大いに見直されなければならない。同時に、小学校英語を単なる娯楽の時間にしてはならない。本当に楽しい英語学習とは、単調な訓練を楽しく感じさせてくれる知的な作業のことであり、ただ楽しく遊ぶことではない。

第五章

熱烈歓迎！
ネイティブ・スピーカー

†ある母親の断念

M子(七歳)は、二〇〇四年一月まで、およそ四年間イギリス人の先生について英語を習った。もっともM子にしてみれば、自分から進んで習い始めたわけではないから、習ったという言い方はあたらないかもしれない。始めたのもやめたのも母親の決断である。

M子と英語の出会いは、保育園である。四歳からお世話になった保育園には、週一回、無料で三〇分の英会話コースが用意されていた。最近、見かけるようになった保育園と英会話教室のセット販売である。子どもの数が減少しているせいか、近頃は保育園経営も油断できないらしい。そうした中、英会話教室は何よりの援軍である。もっとも、日本人が先生では駄目である。この保育園も、大手の英会話学校と提携してネイティブ・スピーカーを売り物にしている。

「あそこの保育園、ただで英語を教えてくれるんだって!」
「先生はイギリス人ですってよ」
「どうせ行かせるのなら、英語がある方がいいわよね」

母親の間でそんな会話があったかどうか知らないが、とにかくM子の母親が選んだのもそうした保育園の一つであった。

M子の母親は、四年制大学の英文科出身である。高校時代から英語が好きで、大学は迷わず英文科に進んだ。近所の人も大学で英語を勉強するのだと聞いてしきりに感心してくれた。卒業する頃には英語が話せるようになるかもしれない、いや、きっと話せるようになってみせると片道二時間もかけて通ったが、案に相違して一向に英語は上達しない。大学の四年間はまたたくまに過ぎてしまった。

当時、大学卒業生の就職は、今と違ってまったくの売り手市場であった。周りの誰もが、もらった内定通知の数を競うほどである。M子の母親は、いくつかあった内定先からある大手のスーパーに決めた。「初任者研修はバリ島です」という会社側の勧誘文句についい心が動いたのである。仕事で英語を使うチャンスがあるかもしれない——そんな期待を抱かせるような出発であった。こちらの案も、やはり相違していた。スーパーの仕事で英語を使うチャンスなどまったくない。やがて結婚話が持ち上がり、押されるように職場を去った。三年後にM子が生まれた。忙しい生活の中で、英語のことはM子の保育園選びまですっかり忘れていた。

母親は、子どもの英語学習に熱心である。英語が得意な母親はもちろん、英語に苦労した母親まで、生活に多少ともゆとりがある場合は特にそうである。M子がその保育園に通ったのは、四歳から小学校に入るまでの三年間である。最初の一年間は、週一回三〇分の無料英会話教室に参加した。五歳になると、無料の三〇分に加えて有料の三〇分コースが用意されていて、これにも入った。一ヶ月、四五〇〇円＋税が余分の出費である。保育園もそうだが、英会話学校も商売である。顧客をむざむざ逃すようなことはしない。小学校に入ると、週一回六〇分の進級コースが待っていた。月額七〇〇〇円の授業料は相場より安いという。今やめれば折角続けた三年が無駄になる、続けたほうが得かも知れないと、M子の英会話教室は四年目に入っていった。

英会話教室と言っても、相手は幼児である。教える側も、ネイティブ・スピーカーというだけで、早期英語教育のプロというわけではない。英会話学校の商売相手は、大抵大人である。幼児は、大人の願望を利用して開拓した顧客に過ぎない。望んで英会話を始める幼児など、どこにもいない。だから、大人と違って、幼児はまず楽しませねばならない。大人は、自分で大金を投じて始めたことだから、多少のことは我慢する。教室での不安、見えない進歩、退屈な授業、何があっても自分の努力不足に結びつけてしばらくは顧客で居続けてくれる。しかし、幼児は、そうはいかない。面白くなければそっぽを向くし、退屈すれば気ままに振る舞う。

幼児はもちろん、一般に子どもに英語を教えるのは、大変である。動機付けが弱い上に、子どもの興味は千変万化である。それが子どもの良さであるが、教える方はたまらない。いきおい、子どもの注意を引きつけるために面白さが優先される。英会話とは名ばかりで、時間の大半を歌やゲームで過ごすことになる。M子も例外ではなかった。保育園で遊んでいるうちは、親の目を喜ばす程度の反応を見せていた。

M子が行くのを嫌がり始めたのは、七〇〇〇円コースに入ってからである。英会話学校も高い月謝を取っていつまでも歌とゲームでは、母親の目が気になる。進級コースとしての特徴を出さなければならない。M子が嫌がったのは、アルファベットであった。それまでの遊びに、学びを意識させる要素が加わったのである。ちょうどその頃、M子の母親も英会話教室の効果に疑問を持ち始めていた。M子の発音には、確かに英語らしいところがある。しかし、いつまで待ってもまとまった英語にはならない。もう四年目になる。こんな勉強でいいのだろうかと、ネイティブ・スピーカーの教え方を疑い始めていた。さらに半年が過ぎたが事態が好転することはなく、M子の英会話も四年で終わることになった。

†ネイティブ・スピーカーでなければ

一般にネイティブ・スピーカー信仰は、どの国においても根が深い。旧植民地の人々の間ではもちろん、植民支配を被った経験のない日本人の間にも、白人憧憬と重なった英語のネイティブ・スピーカーに対する信頼は、一種病的と言ってよいほどのものがある。ラミス Douglas Lummis（一九七五）は、日本における英会話学校の実態を取り上げ、その差別性を指摘しながら次のように述べた。

たとえていえば、「native speaker」（生まれつき話す人）という考え方がそもそも欺瞞である。特に営利を目的としている外国語学校は彼らの「native speaker」がご自慢であり、彼らを広告に使う。けれども、「native speaker」という表現は、結果として「白人」を意味する暗号なのである。前に述べたように、ある「native speaker」は英語が本来の言語ではないヨーロッパからやって来ているのである。反面では、英語は、フィリッピンやシンガポールやインドでは国のことばであるけれども、これらの国々から来た人びとは、生まれつきに英語を話す人としては雇われていない。彼らはことばの才能を証明して、ときどき、教師の口にありつくが、たいてい

の場合は試験もしないで拒否される。(一一五~一一六ページ)

これは、三〇年も前の文章である。いまでは、様子も変わり、白人以外の語学教師も採用され初めている。しかし、基本的な事情に大した変化は見られない。ラミス自身は、六一年に来日して以来、英会話学校、大学などで長年にわたって英語を教えた経験をもつアメリカ人である。彼は、差別的な優遇に屈辱を感じる種類の人間であったために、日本の英会話学校を舞台に繰り返される差別と欺瞞《ぎまん》を、自らを含めて批判することができた。しかし、このような自己批判は例外的なものであり、多くの場合、「あらゆる道義上の複雑な問題は、文化的優越の態度をとることで解決される」(同書、一一四ページ)ことになる。このようなネイティブ・スピーカーの開き直りを援《たす》けているのが、日本人の「ガイジンコンプレックス」、「英会話中毒」、「国際人願望」など正負交差した感情なのである。そして、この互いにもたれ合った感情が、ネイティブ・スピーカー信仰の果てしない再生産となって現れているのである。ネイティブ・スピーカーを絶対視する態度は、ラミスの指摘から四半世紀以上が経過した今日でもなお後を絶たない。典型的な意見を紹介しよう。

日本の不思議な慣行の一つは、外国語教育をネイティブ(当該言語を母国語としている人）から学んでいないことである。例えば、アメリカでフランス語を習おうとすると、必ずフランス人に就くけれども、日本では英語を日本人から習っている。このような日本は、グローバル・スタンダードからはずれていると批判されている。（中略）日本人が本当にバイリンガルで自由自在に会話ができる民族になろうとするならば、日本人の教師が英語を教える今の教育の在り方を早急に変革しなければならない。（『国益を損なう英会話力不足』、一三ページ）

乱暴な意見というほかはない。日本人の教師が英語を教えることがなぜグローバル・スタンダードからはずれるのか、誰がそのような批判をしているのか、日本人がなぜバイリンガルにならなければならないのかなどについては、右の本のどこにも書かれていない。ただ、理論的かつ実証的根拠を欠いたこの種の意見は、「日本人は英語ができない」、「どうにかして英語ができるようになりたい」と思いこんでいる人々にとって「やはりそうだったのか」という得心とともに最後の拠り所として受け入れられやすい。そうした精神的土壌は、ラミスの批判の以前から今日に至るまで、さしたる改良を加えられることなく受け継がれていると考えてよい。人の判断がものの外見に左右されやすいのは、日本人に限ったことではない。問題なのは、それが社会全体の特徴として世代を越えて受け継がれている点である。ラミスには、次のような一節もある。

日本の外国人社会ではよく知られていることだが、白色人種で仕事の資格を持っていないものでも手に入れることのできる仕事が二種類ある。一つは英語教師であり、もう一つは広告のモデルである。第三の可能性は、女性で、それをする勇気があれば、ストリッパーになることである。この三つの仕事に共通していえることは、日本では、白い皮膚がそれだけで金を儲けることができるという事実である。（前掲書、一一六ページ）

この指摘の前半、「資格がなくても英語の教師になれる」という点については、まさかそんなことが、と疑いをはさむ人もいるだろう。もちろん、日本で英語教師として働いている外国人が、すべて無資格というわけではない。ただ、こうした事実は、決して過去のものというわけではない。たとえば、現在、中学校や高等学校で活躍しているALTの大部分は、英語教師としての資格を持っていない。事情は、三〇年前も今も変わらない。英語ネイティブ・スピーカーにとって、日本がこの上なく居心地のよい場所であることに変わりはないのである。

†ALTの要件

ＪＥＴプログラムという事業を御存じだろうか。中学校や高等学校にいる英語ネイティブ・スピーカーは、このプログラムに従って配置されている。要するに、ＡＬＴと呼ばれる外国語指導助手や国際交流員の受け入れシステムである。

ＪＥＴプログラムは、一九八七（昭和六二）年に始まった。その正式名称は、「語学指導等を行う外国青年招致事業」（The Japan Exchange and Teaching Programme）である。現在、総務省、外務省、文部科学省、および財団法人自治体国際化協会（ＣＬＡＩＲ）の協力を得ながら、地方公共団体がその実施と運営にあたっている。四ヵ国、八四八人から始まったこの事業も、二〇〇三年度では招致国三八、参加人数六二七三という発展を見せるほどに成長した。

この事業の目的は、「外国語教育の充実と地域レベルの国際交流の進展を図ることを通し、わが国と諸外国との相互理解の増進とわが国の地域の国際化を推進する」とされている。参加者の職種は、地域において国際交流活動に従事する国際交流員、中学校や高等学校で語学指導に従事する外国語指導助手及び地域においてスポーツを通じた国際交流活動に従事するスポーツ国際交流員にわかれている。その中で、本書における論述の対象となるのは、ALT（Assistant Language Teacher）、すなわち外国語指導助手である。ちなみに、二〇〇三年度の参加者総数六二七三に占めるALTは五六七三人で、その割合は九〇％を超えている。

ところで、ALTとして来日している人たちは、どのような基準で選ばれているのだろうか。彼らが外国語教員ではなく外国語指導助手と呼ばれているのには、それなりの理由がある。外務省の公式ウェブサイトには、英文による応募資格が載せられている。拙訳で紹介する。なお、(1)〜(6)の数字は論述の便宜のために振ったもので、原文にはない。

【応募資格】

(1)出国する年の七月時点で学士号を取得していなければならない。但し、専攻は問わない。

(2)選考作業が行われる国の国籍を有していること。

(3)指定された言語の書き言葉および話し言葉において優れた能力を有していること（英語国の場合は英語、非英語国の場合は英語もしくはその国の主要言語）。

(4)日本および日本の文化に特に興味を持っていること。

(5)原則として、四〇歳未満であること。

⑹三年以上の日本居住経験を持つ者および過去にこのプログラムに参加して一〇年を経ていない者は除く。

ALTの応募資格は、右の通りである。応募者の立場で考えた場合、この中で最も気になる条件はどれだろうか。⑴以外にとりたてて難しい条件がないことは、一見してわかる。その⑴にしても、学士号があればよいというだけで、外国語教育の経験などについてはどこにも触れられていない。ALTの仕事を理解している応募者としては、これで本当にいいのかとかえって不安になるのではないだろうか。それを証明するかのように、JETプログラム推進母体であるCLAIRのホームページには、次のようなFAQ（よくある質問）が紹介されている。原文は英語だが、翻訳で示す。

問　ALTになるのには、教師経験が必要ですか？
答　必要ありません。教育に対する関心があれば結構です。教師経験は、JETプログラムへの応募にあたって考慮の対象となる要件の一つに過ぎません。
問　応募者は、TESL（第二言語としての英語教育）／TEFL（外国語としての英語

教育）の教師資格を持っていなくてはなりませんか？（カッコ内は筆者による補足）
答　いいえ、要件ではありませんが、望ましいと言えます。しかし、JETプログラムの参加者の大部分は、そうした資格を持っていません。

このFAQを見た応募者たちは、どう思うだろう。日本を寛大な国として尊敬し、日本の英語教育のために貢献しようと大いに張り切るだろうか。それとも逆に、英語ネイティブ・スピーカーであることを幸いに、日本での生活を大いに楽しむことを考えるだろうか。JETプログラムが無資格のALTを採用してくれるというのは、関係国の間でつとに有名である。外国語教育に携わるが教師資格は要求されない。受け入れ側に言わせれば、だからこそ外国語指導助手なのだと呼び名との間の整合性は保つことができる。だが、実際には、この資格要件の甘さがさまざまな問題を生むことになる。

†ALTたちのとまどい

最初は、自分が生徒や教師に対してどのように振る舞えばよいのかわかりませんでした。他のALTを見ると、生徒たちと仲良くやっているし、教室ではまるでチアリーダーのようです。また別なALTは、英語の教師にまかせっきりで、言われたとおりにテープレコーダーの役割を演じています。一年ほどたって、ようやく自分の役割が見えてきました。なによりもまず、私は生徒たちの教師なのだ、英語の時間は自分を表現する時間なのだと思うようになったのです。一人前の大人として振る舞い、ロールプレイにも積極的に参加する、日本人ではなく英語を話す人間として子どもたちに関わり彼らを別な世界に案内してあげること、それが私の最も大切な役割だったのです。

これは、アメリカから来たあるALTの思い出話である。彼女は、大学を卒業してほどなくこのプログラムに応募し、群馬県の中学校を中心に三年ほど勤務した。ALTとしては、ごく標準的な勤務形態である。ここには、彼女の気持が素直に述べられている。いろいろな資料やALT経験者たちの話を総合すると、彼らは、大体ここに述べられているような心理状態になるそうである。最初は、自分が何をすればいいのかよくわからない、来るときは教師の資格は要らないと言う話であったが、担当者たちの話を聞くとどうやら英語を教えなくてはいけないらしい、自分は話すことはできるが教えた経験はない、日本人の教師とペアでやるから大丈夫と言われるが何をどうやるかは具体的にわからない、少しずつ慣れればいいと言われても……。

ALTの立場に自分自身を置いて考えると、彼らの不安はよくわかる。あなたが、大学を卒業したての二三歳だとしよう。教員資格もなければ、日本語を教えた経験もまったくない。そのあなたが、ALTと全く同じ条件でアメリカのある町の教育委員会に預けられ、明日から中学生に日本語を教えることになったとしよう。三つほど任された中学校に日本人は一人もいない。先生も生徒も全てアメリカ人である。あなたの英語の知識は、ゼロに等しい。日本語のわかる人は、自分と一緒に日本語クラスで教える先生だけである。その先生とは何とか日本語でやりとりができるが、コミュニケーションはどこまでも不自由である。時間的な制約もあって、授業の打ち合わせも十分にはできない。第一、自分は、日本語をどう教えていいのか全く見当がつかない。

あなたは、このような状況にうまく対応できる自信があるだろうか。私は、不安である。始めからそんなに心細いことになるとわかっていたら、プログラムに応募していなかったかも知れない。いま紹介したALTの場合、適応するのに一年もかかっている。幸いなことに、彼女は自分の役割を見つけることができたが、ALTがいつもそうであるとは限らない。また、JETプログラムは、資格要件以外にもいくつかの問題を抱えている。次に紹介するのは、『現代英語教育』（一九九九年二月号）に取り上げられた元ALT四人による座談会の内容である。「私たちは、助手なのですか、それとも教師なのですか」というタイトルで、率直な意見が交わされている。ＪＥＴプログラムの制度的問題に触れる意見を抜粋して引用する。

いろいろな状況の違いがあるので、ＪＥＴプログラムについて一般化することは難しい。（中略）このプログラムの欠点は、多分、基準がないということだと思う。基準さえはっきりすれば、問題への対処も簡単になる。

たいていのＡＬＴは、暇だったな、二、三クラス受け持ったんだけど、こっちのクラスはいつもキャンセルだったな、なんて思うんじゃないかな。多くのＡＬＴは、方向感を失うんじゃないかな。

ボスに言ったことがあるよ、西洋人には何をやらなくてはいけないか、何をやらなくてもいいかをはっきり言うべきだとね、何も言わなきゃ何もしなくていいってことになるって。

僕は、このプログラムの目的をもっとはっきりすべきだと思うね。子どもたちにネイティブ・スピーカーから英語を学ばせたいのなら、本当の教師を連れてくるべきさ。このプログラムが交換プログラムなら、交換プログラムのようにすべきだよ。ちゃんとした教師を連れてきてね。

僕の感じでは、ほとんどの奴が熱心じゃないね、だってみんな教師じゃないんだもの。みんなお金を稼ぎたいだけさ。

僕が気になったことは、熱心な奴とそうでない奴がはっきりしているってことさ。いい加減な奴は、ただやってきて、最低限のことをして帰るだけさ。

僕が英語を話せるからといって、それを中学一年生に教えられるとは限らないよ。

融通性が大切だと思うよ。だって指導はないし、全てが曖昧なんだから。曖昧なときには融通を利かすことが大切さ。（傍線は筆者）

このプログラムの抱える問題の本質がよくわかると思う。彼らの言葉は、曖昧さが国際理解の障害であることをよく物語っている。このプログラムは、「語学指導等を行う外国青年招致事業」という名称が示しているように、英語教育を目的として始まったものである。国際交流は、あくまでも副次的な目的である。座談会の意見から察せられるように、ALT制度が生徒の英語力にどれほどの効果があるかは疑わしい。ただ、外国人とのふれあいが生徒たちに与える影響には無視できない面もある。それが国際交流と呼べるかどうかは別として、異質な文化に触れるよい機会になっていることは間違いない。それもあってか、近頃では、このプログラムの主たる目的は国際交流だという人も現れている。代表的な意見が、あるインタビュー記事に見られる。文部科学省の初等中等教育局国際教育課のI氏は、雑誌『英語教育』編集部のインタビュー(二〇〇二)において、「ALTの資格」について質《ただ》され、次のように答えている。

JETプログラムは、そもそも日本の学校にネイティブを入れるためのプログラムというよりは、青年の交流プログラムで始まったもので、それを活用して、せっかく日本に来ているのだから学校に入ってもらおうという形でやっています。つまり本来の目的が違うものですから、それをたとえば教員資格が必要ということになってくると、逆に交流の枠を狭めて、ある特定の人たちだけが日本に行けるという話になってしまう。そうするとJETプログラム本体の存在意義にかかわってくる話なので、なかなか難しいと思います。

JETプログラムは、英語教育プログラムとして成功しているとは言い難いところがある。そのため、国際交流、文化交流といった摑み所のないものを目的に据える傾向があり、その曖昧性が多くのまじめなALTを戸惑わせていることは、すでに見たとおりである。そのせいかどうか、このプログラムの人気は下降気味で、最近では必要な人数を確保することが難しくなっている。右の担当官の発言がそのあたりの事情を念頭に置いているのはわかるが、それにしてもこの発言内容は、驚くべき不見識と言うよりほかない。「せっかく日本に来ているのだから学校に入ってもらおう」とは、文部行政に携わっている人の言葉とは思えない。この理屈が通るのなら、町をうろついている学士号所有の英語ネイティブ・スピーカーを、せっかく日本に来ているのだから皆雇ってよいということになる。ALTたちは、たまたま日本に来ているのではない。外務省を窓口にした募集広告にしたがって応募し、然るべき選考を経て日本にやって来ているのである。その目的は、最初から

「外国語指導助手」と謳《うた》ってある。

　また、教員資格を問うと「ある特定の人たちだけが日本に行けるという話になってしまう」とも述べているが、学校教育に携わるものが「ある特定の人たち」であるのは、当然のことである。この発言からは、ＡＬＴを中学校や高等学校でどのように活用しようと考えているのかはまったく伝わってこない。むしろ、もともと英語教育が目的ではないのだから、中学や高校で適当に生徒たちと交流させてください、と言っているように聞こえる。もっとも、担当部局としては、現在でも十分な応募者がいないのだから、正式な教員資格を問うていたら人集めはますます困難になるという心配があるのだろう。「そうする（資格を問う）とＪＥＴプログラム本体の存在意義にかかわってくる」という言葉は、思わず本音がでたといったところだろうか。しかし、私は、このプログラムの人気が下降している理由の一つは、目的と実体の遊離に代表される全体的曖昧さにあると思っている。英語教育を国際交流という稀釈液で薄めてしまっているプログラムを、整理し直す必要がある。その上で、改めて優秀なＡＬＴを募り、その義務と責任を明示し、その仕事に見合う報酬を用意すれば、教育プログラムとして正しく立て直すことができるはずである。

†曖昧さのつけ

ＡＬＴの教員資格を問うのは、世界的な流れである。ネイティブ・スピーカー供給国のイギリスは、すでにこの点を反省し、無資格のネイティブ・スピーカーが英語教育にとって弊害となっていることを認めつつある。たとえば、ブリティッシュ・カウンスルが、資格もなく、訓練も受けないまま海外で英語を教えようとするイギリス人に待ったをかけようとしているというニュースが報道された。ネイティブ・スピーカーがただ出かけていけば受け入れられるという環境があるということが問題だという意見もある。世界には依然としてネイティブ・スピーカーというだけで言語教師の職を提供する国が存在するが、日本もこの例外でないことは認識しておかなくてはならない。そして、それがもたらす弊害は、他の誰でもない、われわれ自身が引き受けなくてはならないのである。

次に紹介するのは、『ガーディアン』（二〇〇〇〜二〇〇二）に掲載されたＪＥＴプログラム紹介記事のいくつかである。イギリス人たちのＪＥＴプログラムに対する見方がよく表れていると思うが、読者はこれらの記事をどう受け止められるであろうか。拙訳でお届けする。

日本政府は、ＪＥＴプログラムに基づき中・高等学校用にＡＬＴを募集している。ＡＬＴは、現在六千人ほどである。二〇〇一年度（原典のママ）からは英語が小学校に導入されるようで、その需要が増すことが予想されている。外国人は日本人の相棒教師とティーム・ティーチングを行うことになり、年俸は二万三千ポンドである。驚いた話だが、この仕事に教師の資格は求められていない。応募にあたっては、学士号があれば十分である。

大学を出て一、二年間外国政府のために働くのはどうでしょう。仕事は、比較的簡単なもので、経歴にもなります。十分な給料と観光のための時間が与えられます。しかも、ビザとか住居などの面倒は、すべて相手持ちです。そのお返しに期待されていることは、公立中・高等学校で教師の助手を務めることです。あなたが本当のキャリアを始めるのは、帰国後のことでよいのです。

外国人に英語を教えるのは、世界旅行と同時に金儲けができる絶好の手段です。（中略）コースを選ぶときには、自分が本当に必要としているものを見つけることです。かりにあなたが英語を教えたいと思っているなら、その目的に適った、たとえば修士号とか資格免状（diploma）を取れるコースを選ぶことです。しかし、もし世界を旅行するのが目的なら、教育技術のイロハを授けてくれる短期コースを選ぶことです。

日本のような国では、英語のネイティブ・スピーカーでありさえすれば教師資格が無くても雇ってくれるのです。しかし、ほとんどの国では、教師資格が要求されます。

JETプログラム――何もしないで金儲け？

日本における英語教師の役割は、例えて言えばサーカス役者。子どもを喜ばすために自転車に乗って登場するピエロ、遠い国からやって来たエイリアン。（中略）給料と諸条件を入念にチェックすること。学士号さえあればよい。もっとも最近では、上の資格がないと良い仕事にはありつけない。金の話をするなら、たいていの奴はなにがしかため込んでいる。飲んだり食ったりで遊び回らなければの話だが。日本に来るときは笑顔で、日本語はちょっとだけ勉強すること、間違っても伝統と誇りを持った国を変えようと思わないように。これを守るなら、帰るときも笑顔。

ボブは、JETプログラムで二年辛抱した現在、＊＊大学の客員教授になってるよ。

（傍線は筆者）

これらは、決していかがわしい金儲けを持ちかける広告ではない。かりにも日本の政府が後押しをするれっきとした教育事業を紹介する文章である。英語が自分の第一言語であるというだけで与えられるこの幸運が、大学を出たばかりの若者たちの眼に「本当のキャリア」を積む前に用意された理想的な冒険と映っても不思議ではない。驚いたことに無資格で年収二万三千ポンドの教師の仕事が与えられる、その仕事も日本人英語教師の手助けでそれほど大きな負担ではないらしい、しかも旅費、保険料などの必要経費は全て日本政府が保証するとくれば、時折の「サーカス役者」や「ゲームの達人」(game master)の役回りなど何ほどのことでもない、運が良ければ、そのまま日本の大学で教師の職にありつけるかも知れない——これらの記事を読んだ若者がこのような考えを持つのはむしろ当然といえるのではないだろうか。

こうした事態は、決して好ましいものではない。日本人がALTに対して抱いているイメージは、ALTの日本や日本人に対するイメージとは大きくかけ離れているかも知れないのである。美しいものであれ醜いものであれ、誤解が真実に変わることはない。JETプログラムの目的が、かりに百歩譲って文部科学省I氏の言うとおりだとしても、右に見られるような意識のズレがその目的に貢献するとは思えない。国際理解は、相互理解である。ALTに代表されるネイティブ・スピーカーは、その最前線に立って生徒たちと向き合っている。JETプログラムの曖昧さは、ネイティブ・スピーカーの困惑であると同時に、彼らの怠惰と偽善を誘っているところがある。国際理解を名ばかりのものにしないためにも、その早急な見直しが必要であると思う。

†ネイティブ・スピーカーは誰？

英語教育は、文字通り世界産業として機能している。バンコク、イスタンブル、台北、ソウル、どの町の本屋に行っても、英語教育関係の書棚には同じ出版社の同じ本が並んでいる。日本で目にする光景と変わるところはない。こと英語教育に関するかぎり、大手は決まっている。アメリカでありイギリスである。他の国は、ローカル色を競うことはできても、国際市場に参加するのは難しい。これを見ると、グローバリゼーションが寡《か》占《せん》化であることがよくわかる。

同じことが、ネイティブ・スピーカーの世界でも起こっている。もっとも英語ネイティブ・スピーカーの場合、英語国だけが参加できるのだから、寡占化は始めから決まっている。中でも優勢なのはアメリカとイギリスで、寡占化というより複占化と呼んだ方が実情に近い。ＪＥＴプログラムの参加者も、アメリカとイギリスで全体の六六％を占めている。ところが、この寡占状態が、いま世界のあちこちで揺らぎを見せ始めている。

１８９ページの表６は、二〇〇二年七月一日時点でのＪＥＴプログラム参加者数とその割合を示したものである。カッコ内の数字は、二〇〇一年度と比較した場合の増減数である。南アフリカとジャマイカは、割合としては小さいが、持っている意味は大きい。この二国は、英語国である。いま、日本人は、それらを英語国として受け入れている。しかし、日本人の間に始めからそのような認識があったわけではない。日本人が期待するALTは、長い間白人であった。これは、JETプログラムの前身がイギリスとアメリカを相手に始まったこととも、多少関係がある。しかし、根本には、英語と白人を結びつける日本人の心理的習慣があるだろう。その点から言えば、南アフリカとジャマイカはどこまでも異質である。

南アフリカとジャマイカからの参加人数は、全体に占める割合こそ小さいが、その増加率は他を圧している。前回の統計に比べて、それぞれ約四〇％、五五％の増加である。この変化の意味は何だろうか。また、表6には含めなかったが、最近のJETプログラムには、この二国以外にも興味深い国を参加国として認めるようになっている。たとえば、インドやシンガポール。これまでこの二国は、正統な英語を話す国と認められていなかった。今でもそう考える人は多いと思う。シンガポール人自身が自分たちの英語はよくないと考えているのだから、われわれがそのように思いこむのは当然である。

「よい英語を話そう運動」(the Speak Good English movement) について聞かれたことがあるだろうか。二〇〇〇年四月二九日をもって正式に開始されたシンガポールの英語改革運動である。この運動の先頭に立つゴー・チョク・トン首相は、次のように述べてその開始を宣言した。

シングリッシュは、英語ではない。それは、シンガポール人が崩してしまった英語、シンガポール方言なのだ。シングリッシュは、乱れた、非文法的な英語で、地域方言やマレー語からの借用がふんだんにある、他の国の人たちが理解しにくい英語なのだ。

（ルブディ Rani

	国別参加数	対総数（%）
アメリカ	2526（+179）	44.5
イギリス	1233（-92）	21.7
オーストラリア	364（+20）	6.4
ニュージーランド	368（+21）	6.5
カナダ	957（-61）	16.9
アイルランド	95（+7）	1.7
南アフリカ	46（+13）	0.8
ジャマイカ	34（+11）	0.6
参加国総計	5676（+110）	100

表6　JET プログラムにおける ALT の国別参加人数と割合

Rubdy 二〇〇一）

「シングリッシュは英語ではない」とは、なんとも思い切った発言である。しかし、現在のところ、この運動に対する評価は相半ばしているようである。政府は、パンフレット、テレビ、ラジオといろいろな手段に訴えながら、このスローガンの浸透に懸命になっているという。一方、これに対抗する勢力もあって、彼らは、シンガポール人のアイデンティティはシングリッシュであると主張している。運動の行方は今のところはっきりしない。ただ、シングリッシュが標準イギリス英語に回帰するのは、シンガポール政府が思っているほど簡単なことではないだろう。

いずれにしても、ＪＥＴプログラムは、シンガポール人のＡＬＴを採用し始めた。その数は、二〇〇一年度一三名、二〇〇二年度一六名で、今のところ目立ったものにはなっていない。これまで二流の英語と見下していたものが、日本の教室に紹介され始めたのである。ネイティブ・スピーカーに対するイメージは、われわれの気付かないところですでに変化の兆しを見せ始めているのかも知れない。

この変化を大胆に宣言したのがインドである。インド英語は、慣れない耳には実に聞きにくいところがあるが、インドはその英語を輸出しようと計画しているのである。ハイデラバードを拠点とするＣＩＥＦＬ（英語・外国語中央研究所）の副所長は、インド英語の海外進出計画の背景にある考えを次のように説明した（ライ Usha Rai 二〇〇一）。

われわれが行おうとしていることは、インド人の英語所有を正当化することとインド人自身の心にある過度のイギリス英語礼賛気分を払拭することである。英語は、もはやイギリス人のものではないし、文化的貴族だけのものでもない。コミュニケーションの道具として、全ての人のものである。英語で意志疎通ができるというのは、自転車に乗ることができるというのと同じようにごく普通のことなのである。

シンガポールの動きとインドの動きは、一見、逆向きのような印象を与える。一方は、身に染みついた英語の土着性をぬぐい去ろうとし、一方は、拭おうとして拭いきれない土着性を自らのアイデンティティとして世界に向き合おうとしている。英語はわれわれが気付かぬうちに世界を席巻し、気がついたときには、後戻りのできないほどに変貌を遂げていた。世界がその変貌をどう受け止めるか、それによって英語のネイティブ・スピーカーの姿も大きく様変わりする。ＪＥＴプログラムへのインドからの参加は、今のところ見るべきものはない。二〇〇二年の集計によると、わずかに二名（いずれもＡＬＴ）である。

しかし、この小さな動きは、決して無視できない。インドもシンガポールも、南アフリカもジャマイカも、われわれの日常にとけ込む時代が来ないとは言えない。英語のネイティブ・スピーカーとは、誰のことか。われわれ一人ひとりの責任でその答えを見つけるときは、すでに近くまで迫っている。

†ネイティブ・スピーカー払底

ＪＥＴプログラムは、たしかに英語ネイティブ・スピーカーの枠組みを変えようとしている。出発時のそれは、イギリス人とアメリカ人、オーストラリア人、ニュージーランド人であった。やがてカナダ人が加わり、現在では、これに先ほど紹介した国々が追加されている。ＪＥＴプログラムにおける英語ネイティブ・スピーカーの基本構図は、徐々にだが確実に変わってきた。

英語は、間違いなく、新しい時代に入っている。*World Englishes* という雑誌がイギリスで創刊されたのは、一九八一年であった。つまり、そのころには、English を Englishes という複数形で呼べるような環境ができあがっていたわけである。それから既に四半世紀である。英語の勢力は、以前とは比較にならぬくらい大きくなっている。英語の勢力拡大は、認知される英語変種の増加でもある。学習の対象としての英語は、以前のように、イギリス英語かアメリカ英語かといった単純な図式では捉えにくくなっている。

ＪＥＴプログラムは、このような世界の動きを見極めて、ネイティブ・スピーカーの概念を先取りしてきたのだろうか。私の観察では、残念ながらそうではない。本当の理由は、もっと現実的である。ネイティブ・スピーカーが足りないのである。イギリスやアメリカにこだわっていたのでは、必要な数を確保することはできないのである。これは、日本だけのことではない。英語教育が世界の産業になった現在、どこの国でもそれを教える優秀な教師が求められている。ネイティブ・スピーカーが優秀な英語教師である保障はないのだが、どういうわけか「本物の英語」として世界中で珍重されている。英語を話すこととそれを教えることは別物だと理屈で押しても、「ネイティブ・スピーカー」の魔力には勝てない。世界は、争ってネイティブ・スピーカーを確保しようとする。

しかし、量の問題は、必ず質の問題に及んでくる。どのような仕事でも売り手市場となれば競争力は低下する。そしてそれは、否応なしに質の低下に結びつく。それは、ＡＬＴの場合も同じである。それにＪＥＴプログラムは、もともとＡＬＴに対して教師資格や教育経験を要求していない。質の問題には最初から目をつぶっていたのである。これに量の問題が絡んできた今日、見逃しがたい実態が浮上し始めている。大阪府の教育センターに勤務している菅正隆（二〇〇二）に次のような文章が見られる。

最近、多くの中高の先生方からALTについての苦情をいただく。「正しい英文が書けない。正しく単語を綴れない」等と。しかも、英語力の問題に限らない。社会性に問題があるALTも増えてきた。生徒に対するセクシャル・ハラスメント、暴言、怠業、日本人教員に対する誹謗中傷等々。もちろん一部のALTに限ったことではあるが、少なくとも一〇年前には考えられなかったことである。

もちろん、右のような問題は、一部のALTに限られる。ただ、その一部が、年々増えていく可能性は否定できない。バーの勘定をため警察に訴えられたという話、酔って器物損壊で弁償を求められたという話、配置先が気に入らぬと言って来日後数日で帰国したという話、ALTのたまり場で生徒や教師をこき下ろすという話、お粗末な話が次々に耳に入ってくる。

三章でも取り上げた「戦略構想」では、指導体制の充実をめざしてALTの増員を謳っている。設定目標の項は、「中学・高校の英語の授業に週一回以上は外国人が参加することを目標。これに必要なALT等の配置を促進（全体で一万一五〇〇人を目標）」となっている。現在活躍しているALTの数は、先に紹介したとおり、五六七三人である。この数字には他の四言語のALTも入っているが、かりにその全てが英語のALTだとしても、目標値を達成するためには倍増しなければならないことがわかる。さらに、小学校用のALTは別計算になる。全国で二万三八〇三校（二〇〇三年度統計）ある小学校をあわせ考えると、事態はもっと深刻になる。ALTをどのように配置するにしろ、簡単な話ではないことが想像できるであろう。

先にJETプログラムの人気は下降気味であると書いたが、それは応募者の競争率の低下に顕著である。一九八七年（昭和六二）の第一回募集に対する競争率は、オーストラリア一三・六倍、ニュージーランド五・七倍、米国五・三倍、英国四・九倍であった。ところがここ数年は、計画通りにALTを採用するのが困難になっており、募集を繰り返しているのが実状のようである（菅正隆、二〇〇二参照）。もちろん、当時と現在では採用人数に大きな開きがあるから、単純に競争倍率の低下をもってこのプログラムの人気下降の証拠だというつもりはない。

人気は、相対的に下降しているのである。というより、競争相手が増えたのである。政治や経済の構図がすっかり変わってしまい、それまで英語教育を後回しにしていた国々が英語を外国語教育の柱に据えるようになってきた。ロシア、中国、ベトナム、キューバ、マダガスカル、東ティモール、トルコなど、みなそうである。ネイティブ・スピーカーをほしがるのは、これら英語教育後発国だけではない。ヨーロッパもアジアも南米もアフリカも、事情の許す限り英語を教えようとしている。英語ネイティブ・スピーカーにとって、仕事先が特定地域に限られた時代はとっくに過ぎ去っているのである。

文部科学省を始め関係機関は、ALTの確保に懸命のはずである。しかし、この問題を一気に解決する方法などないことも承知していると思う。文部科学省が、一九九九年頃から民間語学学校を活用しようとしているのも、このあたりの事情と関係があるのだろう。民間語学学校との連携強化は、戦略構想にも施策の一つとして挙げられている。『日本教育新聞』（二〇〇二年七月二六日付）は、それを受けて次のような記事を載せた。

同構想が第一に掲げたのは、「動機付け」。まずは、英語を学ぶことの楽しさや必要性を知ってもらい、自分から進んで学ぼうとする意欲を育てる。

「日本は英語を使わなくても生活できるから、英語のうまい人が少ない」（文科省国際教育課）。そこで、英語を使う機会を増やすことに力を入れる。

文部省（現文科省）は三年前、英会話学校の講師や外国出身の地域住民の協力を得て、子どもが外国語に触れる機会を作るモデル事業を開始。来年度からは、学校教育の中で民間教育事業者と連携することを強化しつつ、同様の事業を進める方針だ。

「駅前留学」で知られるＮＯＶＡ。この事業に協力してきた英会話学校の一つだ。全国各地で、外国人講師の派遣、カリキュラムの作成、参加者の募集業務などを担当してきた。千葉市はその一例。公民館を会場に外国語講座を開き、週末、歌やゲームを通して子どもが英会話に触れる機会を提供した。（中略）

学校教育への協力では、子ども向けの英会話教室を展開するＥＣＣジュニアも積極的だ。昨年度は東京都内、京都府内などの公立小学校六校に講師を配置。担任の教員とチーム・ティーチング形式で授業を行ってきた。

ＥＣＣジュニア教育研究所の井上綾子・セミナー企画課長は「学校から声を掛けていただいて始まった取り組み。こちらから営業活動はしていない」と話す。学校側の要請は強いようだ。

ただ、民間企業との連携である以上、経費の確保が課題。ＮＯＶＡは、「毎年、最も安価な社と契約するシステムでは、一貫性のある指導が困難」とし、ＥＣＣジュニアは「教育である以上、安売りはしたくない」と話している。

この記事は、さらに「文科省が来月末の平成十五年度予算概算要求でどんな事業を打ち出すか、注目される」と続けている。民間語学学校は、ＮＯＶＡにしてもＥＣＣにしても商売である。これを利用する限り、解決すべき問題は、お金ということになる。しかし、この前提は、間違っていないのだろうか。ネイティブ・スピーカーの確保が至上命令のようになりつつあるが、ネイティブ・スピーカー自体は教育の一手段に過ぎない。それを魔法の杖のように考えて、ネイティブ・スピーカーさえ集めれば英語教育がよくなると期待するのは早計である。第一、われわれは、本当にネイティブ・スピーカーのことを理解しているのだろうか。彼らの役割とは、一体何なのだろうか。彼らは、そもそも何者なのだろうか。それを確認する意味で、ネイティブ・スピーカーの歴史を少しだけ振り返ってみよう。

†古代の外国語学習法

異なる部族の接触は、異なる言語の接触である。それは、人類の歴史に最初から用意されていた必然の一つである。戦い、政治、商取引などに代表される互いの交流は、何千年もの昔から繰り返されてきたのである。こうしてみると、人間は、事の始めからいろいろな文化や言語を学ぶように仕向けられているような気さえする。

古代の外国語学習では、ネイティブ・スピーカーが大活躍である。昔の人の外国語の学習は、当地に出向くか家庭教師を利用するか、いずれにしてもネイティブ・スピーカーを相手に行うのが一般であった。たとえば、ローマ帝国の初期、第一ポエニ戦役後（紀元前二四一〜）の「ギリシア文化熱」である。ローマの良家の子弟たちは、ギリシア語を学ぶために、こぞってローマの傘下に入ったシラクサ（シチリア島にあるギリシア民族の国）を目指したという。また、ローマ人が、自分たちの子どもにギリシア語を習得させるため、ギリシア人の乳母や奴隷をあてがったこともよく知られている。

さらに遡《さかのぼ》れば、シュメールの例がある。シュメールがアッカド人に征服されたのは、紀元前二三五〇年頃である。征服者アッカド人は、シュメール人を教師とし、彼らの言語と文化を吸収した。ちなみに、シュメール人の楔形《くさびがた》文字は、紀元前五〇年あたりまで古代オリエント全土で使われていたそうである。また、古代エジプト人もアッカド人同様、自分たちの征服した人たちの言語を学んだ。発掘された石版などの記録から、およそのことは想像されている。ある研究者は、エジプト人の若い官僚たちは、予定された任地の言語を学ぶためにあらかじめ当地に派遣され、その土地の文化と言語を学んでいたのだろうと推測している。いずれにしろ、古代の人たちにとって、外国語学習の手助けになるような文法書や学習書、辞書の類は何もなかったと考えてよい。彼らにとって、外国語のもっとも手っ取り早い学習法は、ネイティブ・スピーカーの活用だったのである。

ネイティブ・スピーカーのことを語るとき、ラテン語について触れないわけにはいかない。ラテン語の存在は、ヨーロッパ人の外国語学習に決定的な影響を与えてきた。ラテン語は、本来、ローマ人の言語であった。ラティウムの丘がローマ大帝国に発展する長い過程で、ローマ人は、ギリシア語に学びエトルリア語を借用し、近隣の諸部族の言葉を併呑してラテン語を形づくっていった。やがてそれは、帝国の共通語として機能するようになり、長く近世までヨーロッパの人々に影響を与え続けてきた。

ラテン語は、近世に向かうにつれて徐々にその共通語としての機能を弱め、同時にその影響力を失っていく。しかし、中世に至るまでは、その勢力は他の言語の追随を許さなかった。中世の教養人はすべてラテン語とのバイリンガルであったと伝えられている。ローマ帝国が崩壊し、近世を迎える頃になるとヨーロッパの分割が進んでいった。それと共に、土着の言語は国家語へと昇格しはじめ、それまでラテン語を中心に行われていた学校教育にも母語の教育が加わってゆく。もっともラテン語は、ルネッサンス期頃はまだ生きた言語として熱心に学ばれており、その学習方法も生活に根ざした実践的なものであった。しかし長く強大な勢力を誇ったラテン語も、徐々にその生きた機能を失い、一八世紀の終わる頃には文法書と辞書の中にすっかり埋没してしまう。それに歩調を合わせるように、現代語の教育も文法書と辞書を中心に行われるようになっていった。

一般国民のための学校制度が整備・普及するのは、一九世紀に入ってからのことである。

国民教育は、どこの国の場合でも不特定多数の集団教育という性格を持っている。その影響は、当然ながら外国語教育にも及んでくる。さらに、当時の外国語教育は、訳読に主眼を置いていた。訳読も集団教育も、ネイティブ・スピーカーには不向きである。集団的教授法の代表とも言える文法翻訳式教授法が誕生したのも、一九世紀の中頃のことである。需要の落ち込んだネイティブ・スピーカーが息を吹き返すのは、一九世紀末のことである。文法翻訳式教授法に対する反動として生まれたナチュラル・メソッドや直接教授法（ダイレクト・メソッド）は、結果的にネイティブ・スピーカーを再認識させることになる。当時開発されたトゥッセン・ランゲンシャイト式やベルリッツ式教授法の理念は、ネイティブ・スピーカーを看板に据える現代の英会話学校に姿を変えて引き継がれていくのである。

†軍事プログラムとしての外国語教育

直接教授法とは、学習者の母語を仲介せず、外国語を直接やりとりして教える方法のことである。そのため、教師には、ネイティブ・スピーカーが選ばれる。また、基本は個別指導で、集団の場合でも一〇名を越えてはならないと考えられている。現在、大抵の英会話学校がこの方法を応用しているが、一九世紀の終わりに登場したこの教授法が二〇世紀に入って急速に普及したというわけではない。この教授法は、集団的学校教育には不向きなところがある。外国語学習にネイティブ・スピーカーを用いる方法は、古代ローマの乳母や奴隷に象徴されるように、もともと個人的な要素が強い学習法である。四〇〜五〇人を一度に相手にしたのでは、直接訓練のねらいが活かされない。ネイティブ・スピーカーが集団教育の中で改めて注目されたのは、ベルリッツ式が世に出てから半世紀以上も後のことである。

ネイティブ・スピーカーを組織的に利用した典型な例は、第二次世界大戦中のアメリカで試みられたASTPという特別訓練プログラムである。私の知る限り、ネイティブ・スピーカーが語学教育プログラムの中で本格的かつ組織的に利用されたのはこれが最初である。ASTPは、Army Specialized Training Program の頭文字を取ったもので、ご想像の通り、軍人向けの語学特訓コースである。

第二次大戦は、アメリカ人にとって第一次大戦とは勝手の違う戦争であった。言語の面から言えば、第一次大戦では様子の分かったヨーロッパの言語が相手であったが、第二次大戦ではそれにアジアの言語が加わった。アメリカ人にしてみれば、文法書もなければ辞書もない、音声記録も文字さえも持っていない言語を相手にするやっかいな戦争であった。一九四三年に始まったASTPは、この言語的ハンディキャップを短期間に克服し、もって通訳その他の戦場任務に利用する目的で作られた特殊プログラムである。

ＡＳＴＰのモデルになったのは、アメリカ構造主義言語学の重鎮ブルームフィールド Leonard Bloomfield の著した *An Outline Guide for the Practical Study of Foreign Languages* というわずか一六ページの小冊子であった。それは、未知の言語を調査・記述するフィールドワーカーのための実践的教本として書かれたものであった。ＡＳＴＰは、この冊子に示された手順と情報収集源としてのネイティブ・スピーカー、すなわちインフォーマントに着目したのである。インフォーマントの英語綴りは、informant である。inform に「～する人」という意味の -ant がくっついたもので、「(事実や事情を) 知らせる人」すなわち「情報提供者」という意味である。

ＡＳＴＰでは、二七言語について訓練コースが用意され、およそ一万五千人の兵士がそれぞれ決められた言語の集中的トレーニングを受けた。このプログラムに協力したアメリカの大学は五五校に及ぶ。このプログラムは、大学などの語学教育と異なり、戦時の実用目的を持って、徹底した話し言葉の訓練に主眼を置いた。各クラスは、言語学の訓練を受けた専門指導員とインフォーマントがペアで受け持つ。以下、ＡＳＴＰの要点を箇条書きの形式で示す（ダリアン Steven G. Darian 一九七二参照）。

【教師】

専門指導員——言語分析の訓練を受けた言語の専門家。ネイティブ・スピーカーである必要はない。通常は、大学教員

インフォーマント——当該言語のネイティブ・スピーカー

【授業における教師の役割分担】

専門指導員——授業計画の立案、教材準備、文法事項の説明、テスト作成と実施、インフォーマントの指導・監督

インフォーマント——ドリル・マスターとして口頭練習の時間を担当、発音・言語使用のモデル、正しい発音と文型の定着訓練を受け持つ、英語使用は禁じられている

【授業時間の構成】

各セッションは、一二〜二五時間。平均一六時間で、内訳は左の通り

文法等の説明時間＝〇〜八時間。平均五時間

ドリルに使う時間＝二〜二五時間。平均一一時間

【コース区分】
コースは、基礎と上級に分かれ、訓練期間はカリキュラムによって異なる。
訓練の一単位期間は、一二週間
基礎コース＝三単位期間すなわち三六週間（九ヶ月）、参考までに述べるなら、これは、当時のアメリカの大学における語学コースの一〜一・五年分に相当する
上級コース＝四単位期間すなわち四八週間

ＡＳＴＰの概要が摑めたかと思う。これは、あくまでも戦時の特殊訓練であるから、それを平時の学校教育にあてはめることはできない。しかし、短期集中訓練、少人数クラス、ペア指導、ネイティブ・スピーカー活用など、ここで用いられた手法の多くは、後の英語教育に形を変えて活かされることになる。ネイティブ・スピーカーは、この段階では単なる情報提供者にすぎないが、やがて一世を風靡《ふうび》することになるオーディオ・リンガリズムによって次第に理想的な語学教師としての道を歩み始める。神話誕生の筋書きは、この時すでに出来上がっていたのである。

英語教師であれば、オーディオ・リンガル教授法（audio-lingual method）について一定の知識を持っているはずである。ここでは、初耳だという人のために、ごく簡単に説明しておく。これは、ＡＳＴＰと前後してアメリカで開発された外国語教授法の一つである。それではあんまりおおざっぱだと思われるかも知れないので、もう少しだけ付け加えれば、オーディオ・リンガルの名の通り、耳と口の徹底訓練を唱道する教授法である。ご想像の通り、ＡＳＴＰで紹介したインフォーマントによる口頭訓練と大いに関係がある。

ＡＳＴＰは、どこまでも戦時の特殊訓練である。同じことを学校教育に応用しようとすれば、その予算は膨大になる。第一、少人数クラスのペア指導など、学校数や生徒数を計算すれば、本家のアメリカといえども二の足を踏む。しかし、ネイティブ・スピーカーを教師に仕立てればどうだろう。インフォーマントと教師を一人二役で兼ねるなら、教師不足は、解消できないまでもある程度緩和することはできる。それに、アメリカは移民の国である。いろいろな言語のネイティブ・スピーカーは、労働条件さえ折り合いがつけば、右から左に利用できるではないか。このような考えを現実のものにしたのが、ＡＳＴＰと入れ替わるように登場したオーディオ・リンガル教授法である。

戦後まもなくアメリカで人気を得たこの教授法は、やがて広く世界に紹介されることになった。ミシガン大学を中心にした研究グループは、この教授法について徹底的な技術開発と指導を行い、それに平行して英語はもとより、さまざまな言語の教材開発を行った。こうして、指導理念と教材が一体になって世界に広まっていったのである。この教授法は、次のようなアメリカ構造主義言語学の言語観に支えられていた。

一、言語とは話されたもののことであり、書かれたもののことではない。
二、言語は、習慣の束である。
三、言語について教えるのではなく、言語を教えること。
四、ネイティブ・スピーカーが話すものが、すなわちその言語である。こうあるべきと人によって示されるものではない。
五、すべての言語は、互いに違っている。

アメリカ構造主義の言語観は、外国語教育におけるネイティブ・スピーカーの立場をこれまでになく堅固なものにした。英語のネイティブ・スピーカーが話すものこそが英語であるという考えは、この言語観に依拠するオーディオ・リンガル教授法を通して広く外国語教育の世界に受け入れられていった。これに言語を習慣の束とする考えが重なれば、次に待っているのは、習慣化のための反復練習である。こうして、訓練を受けたネイティブ・スピーカーは、スピードに乗った反復練習を実践できる最良の語学教師として重宝されるようになったのである。

世界を席巻した感のあるオーディオ・リンガル教授法であったが、その終わりは突然訪れた。きっかけは、それまでの構造主義や行動主義に対抗して現れたチョムスキーNoam Chomsky の生成文法である。六〇年代に入って間もなくのことであった。オーディオ・リンガル教授法は、七〇年代にははっきりと下降線をたどり始め、八〇年代に入る頃には、新たに編み出されたコミュニカティブ・アプローチという教授法にその座を奪われてしまった。言語観が一変したのである。生成文法では、人間はどんな言語にも対応できる習得装置を脳の中に持って生まれてくると考えられている。文法とは、特定の言語の構造を記述したものではなく、文を発話し、また、発話された文を理解する能力（言語能力）を構成する仕組みのことで、それは脳の中にあると考えられたのである。

生成文法の登場によってもっとも打撃を受けたのは、言語を習慣の束と見る言語観である。生成文法は、言語を獲得する基本能力は先天的であると考えている。言語が習慣であるというのは、言語能力は後天的と言っているのと同じであるから、両者は真っ向から対立することになる。構造主義理論に頼っていたオーディオ・リンガル教授法は、理論面でも実践面でも窮地に立たされることになった。セットになった会話パタンの反復練習も疑問視されるようになった。「ハウ・アー・ユー?」と覚えたとおりに声をかけても、「アイム・ファイン、サンキュー。アンド・ユー?」の公式通りにならないことに気づいたのである。やがて世界は、この教授法を見放し、習慣化のための機械的な反復練習も次第に教室から姿を消していった。

幸いなことに、ネイティブ・スピーカーがその巻き添えを食うことはなかった。彼らは、既に、そうした騒動の埒外《らちがい》に立っていたのである。彼らは、単なる言語情報の提供者(インフォーマント)ではなく、訓練を受けた語学教師として世間に認められるようになっていた。英語の立場も変わっていた。コカコーラからマクドナルドへとアメリカの時代が続く中、いつの間にか英語の人気は世界を覆っていたのである。英語は外国語教育の花形になり、ネイティブ・スピーカーは理想の教師としてもてはやされるようになっていた。九〇年代に入ると英語教育ブームは加速し、ネイティブ・スピーカーの供給不足はますます深刻になる。資格や経験を問う余裕が失われていく。日本が無資格のALTを雇い始めたのもこの頃のことである。

かりにネイティブ・スピーカーが理想の教師だとしても、それは語学教師としての訓練を受けている場合のことである。そこから、資格や経験を抜き取れば、後に残るのはインフォーマントとしての機能だけである。そのインフォーマントにしても、専門の指導員が側にいてこそのインフォーマントである。助けなしでは、ただのネイティブ・スピーカーである。以上は、理屈である。そして、世の中は理屈通りには動かない。世間は、ただのネイティブ・スピーカーでは承知しない。彼らを理想の語学教師に仕立て上げ、神話の中に閉じこめなければ安心できない。

†ネイティブ・スピーカーの活用法

無資格、無経験のネイティブ・スピーカーは、語学教師として何ほどの役にも立たない。しかし、彼らのインフォーマントとしての働きは捨てがたい。言語学者も、彼らをインフォーマントとして言語情報を手に入れる。ＡＳＴＰがそうしたように、教室に現れるネイティブ・スピーカーを発話モデルやインフォーマントとして十分に活用するとよい。活用の仕方次第で、彼らの存在意義も増してくる。彼らが、まるでピエロだ、ゲームの達人だと、自身を揶揄《やゆ》して開き直る必要もなくなるだろう。自分たちはチアリーダーやテープレコーダーに過ぎないのかと、身の不運をかこつことも少なくなるはずである。問題は、それができないでいる日本人教師の方にある。そこで、提案二つ。

【提案その一】

全ての英語教師に対して、ネイティブ・スピーカーの利用法に関する体系的な訓練を行う

英語教師は、ネイティブ・スピーカーをインフォーマントとして利用する方法を知らないし、これまでその訓練を受けたこともない。全ての英語教師がその利用法を知っておく必要があるが、とりあえずは、ALTと共同授業をする可能性のある教師を中心に、一定の研修を行うとよい。JETプログラムは、確かにいろいろな問題を抱えている。しかし、それは、解決できないものではない。ネイティブ・スピーカーを活かすよう工夫するのは、彼らを呼び入れているわれわれの責任でもある。ここに提案した研修は、その一歩であるに過ぎない。

【提案その二】

英語教師のスワップ制度

英語教師のスワップ制度とは、英語教師を一定期間、外国の中学校、高等学校に交換教員として派遣する制度のことである。スワップ（交換）であるから、先方からも同じ数の

英語教員がやって来る。対象国は、当面、アジア諸国とする。たとえば、韓国の英語教員と日本の英語教員を三ヶ月間の契約で交換する。給与は、互いの国で支払われるから、両政府が余分に負担する費用は、渡航費、滞在費などの必要経費だけである。

この制度のねらいと効果を列挙すれば、次の通りである。

・日本人だけを相手にしている環境が一変することによる効果が期待できる。すなわち、日本人教師は、相手国に出かけての授業では、英語しか用いることができなくなる。
・指導法や指導技術、教材の扱いなど、さまざまな面で互いの知識や技術を交換することができる。
・互いの言語と文化についての興味が刺激される。
・若い世代が、アジアの言語や文化に対して直接触れる機会となる。
・さまざまな英語の存在に気づくと同時に、共通語としての英語の機能を体験的に学ぶことができる。ノン・ネイティブの英語が持つ意味と役割を生徒たちに実感させるきっかけとなる。
・交換教員は、文化交流の点から、英語ネイティブ・スピーカーの代用的機能を持つことになる。さらに、英語ネイティブ・スピーカーと異なり、資格を持った教師として単独で授業を行うことができる。

以上は、主なねらいと効果である。この制度には、ほかにもいろいろな利点が考えられる。この制度が実施に移され、アジア諸国との教員交換が安定すれば、互いの国の生徒たちはいながらにして国際交流に参加することになる。国際交流をことさら謳う必要もなくなっているかも知れない。日本の英語教師の意識も、大いに変わってくるだろう。アジアのネットワークは、これを機会に一層しっかりしたものになると思う。なにしろ、参加者は、次代を担う若者たちである。その効果は、計り知れない。

これまで述べてきたことから想像できるように、ＪＥＴプログラムで来日するネイティブ・スピーカーが今後目立って増加することは考えにくい。英語ネイティブ・スピーカーの品不足は、世界規模でしばらく続くだろう。月額五〇万以上の給料を払っている自治体もあると聞くが、金で誘うようなやり方が互いの理解に貢献できるとは思えない。ＪＥＴプログラムで来日しているネイティブ・スピーカーの給与は、月額三〇万円である。大学を卒業して間もない若者の給与としては、破格である。しかも、その仕事の楽さ加減は、彼ら自身が認めているほどである。同じ年代の日本人英語教師の給料と仕事量を考えると、不公平感は否めない。

英語教師のスワップ制度は、この問題とも関係がある。この制度が実現すれば、ALTとアジア諸国の英語教師が日本の教室で共に働くことになる。その時の日本が、相変わらず英語ネイティブ・スピーカーを特別視し、お客様扱いしているのでは恥ずかしい。国際交流や国際理解が看板倒れにならないためにも、われわれが彼ら全てを同じ仕事仲間として平等に扱えるようになっていなくてはいけない。

終　章

英語は教えられるのか

†「教えること」と「学ぶこと」

英語は教えることができるのか。私は、昔からときどきそう思ってきた。自分にそう問いかけては、自分で「ノー」と答えてきた。

教えるという言葉の意味がただ説明するということであれば、英語教師は英語を教えることができる。私も、三〇年以上、自分の生徒に英語を教えてきたことになる。しかし、教えるという言葉が学ぶという言葉に対応するものだとすると、私は、生徒に英語を学びとらせたという自信がない。彼らが英語を使えるようになったのは、彼らの努力であって、私の力ではない。私にできたのは、英語学習の道筋を示してやることくらいで、その道筋にしても正しいものであったという保証はない。

英語は、学ぶことはできる。しかし、教師がそれを生徒に教えることはできないのではないか。教師は、生徒の学習を手伝うことはできる。しかし、生徒に英語を教え込むことはできない。これは、英語に限らない。一般に、言語は誰かに教えてもらうものではない。自分で学び取るものである。学ぶ側に学ぶ意志と継続的な努力がなければ、周りの者がいくら懸命になろうともだめである。それは、子どもの母語学習を観察すればおよそ想像がつく。親は、子どもに日本語を教えようとはしない。第一、親は教えようにもその方法を知らない。もっとも、方法は知らないが、やがて子どもの口から日本語が出てくることを経験として知っている。だから、ただ、話しかけてそれが現れるのを待っている。一方、子どもは、親から母語を教えてもらおうと思ってはいない。そもそも親が教えようという意志を持たないのだから、それを期待しても無駄である。子どもは、その点で大人をあてにはしないが、母語を学ぶことの重要性は察知している。周りで起こっていることを理解するためには、自分で母語を学び取るしか方法はないのである。

母語は、教えられるものではない。それは、獲得されるものである。母語は、子どもにとって生きるための手段であり、その学習は発見的かつ創造的である。一方、われわれの英語学習はどうだろうか。日本人にとって、日本語は生きるための道具である。それがなければ生活のあらゆる面に不便が生じる。しかし、英語はそうではない。英語は、日本人の母語でないのはもちろん、日本の社会の第二の言語でも第三の言語でもない。それは、われわれの生活の外にあるもので、たとえば、シンガポール人にとっての英語とは事情が全く違っている。だから、われわれはこれまで、生活の言語ではなく、あくまで教室の言語として英語に接してきた。それは、それでいいのである。問題は、われわれの認識の方にある。

英語が日本の社会の言語でない以上、それを教室の言語として扱うことは間違っていない。英語教育は、これまでずっとそうであった。ところが、いつの間にか、世間は、教室の言語に生活の言語を重ね、学校教育に会話や手紙文といった実用的な成果を求めるようになってしまった。英語は、日本社会の言語ではない。だから、教室で学んだ英語を生活の言語にするのは、どこまでも個人の問題である。これまでも、英語を自分の生活や仕事で必要とする人は、学校で習い覚えた英語に磨きをかけ、自分の目的に応じた生活の英語に仕立てていた。どうしてそうなったかはともかく、いま世間は、教育の英語を生活の英語と同義に解釈しているところがある。これは、間違いである。

学校教育だけで、英語が実用的なレベルに達することはない。いくら力んでみても、週三度や四度の授業だけで英語が話せるようになるなどありえないことである。それは、母語の習得に子どもが投入する時間と努力を考えれば簡単にわかるではないか。英語は、われわれの生活の言語ではない。それを教室の時間だけで話すようになれると考えるのは、虫がよすぎるというものである。特殊な言語能力の持ち主は別にして、普通の人に期待すべき事ではない。いくら、小学校に英語を取り入れても、事情が変わるとは思えない。

同時に、英語を実用的なレベルに高めるためには、週三度か四度の授業があれば十分である。学ぶ側にしっかりとした動機と継続的な努力があれば、現在の制度のままでも十分な成果を期待することができる。二章において、英語を「話したい」というのは、どこまでも願望であり、贅沢の一種であると述べた。そして、願望と贅沢の域を超越した人たちはみな見事な英語を駆使しているとも述べた。それは、学習する側の意志と努力が大切だという意味である。英語学習を教師任せ、学校任せにするだけでは、学習は進まない。習ったことを次々に置き忘れていくだけである。英語学習は、取り組むべきものである。教室は、自分の努力を表現する場であり、自分の疑問や考えを確かめる場である。言語は、教えてもらうものではなく、学びとるものである。学問に王道なし（no royal road to learning）というが、言語の学習もその例外ではない。

英語は、そして外国語は、努力して学びとるべきものである。そうしなければいけないという意味ではない。外国語学習とは、そういう性質のものだという意味である。ところが、最近の日本人は、その努力を放棄して、楽をして英語を覚えようとしているようなところがある。どこか、王道を求めているところが見て取れる。英語に何となく触れていればやがてできるようになると思うのは、間違いである。聞いているだけで英語が身につくとか、一〇〇語で英語が話せるなどという話を鵜呑《うの》みにしてはいけない。しかし、現実には、日本の社会全体が安易な方向へと流れているのではないか。二章では、日本人が自分の意志で第二言語学習に取り組めることを喜ぶべきだとも述べた。しかし、いま日本人が見せているのは、その逆の姿勢である。日本人全体が、選んで学べることのありがたさを放棄しようとしているところがある。英語公用語論も小学校英語も、個人の選択を著しく制限する点では用心しなければならない政策なのである。

先ほど、英語は、日本の社会の言語でもわれわれの生活の言語でもないと述べた。英語公用語化の案（第三章）は、法の力をもって英語をわれわれの生活の言語にしようという提案である。日本の社会全体に英語を張り巡らせば、英語下手の日本人も変わるだろうという発想である。国際化やグローバリゼーションは、その口実に過ぎない。私に言わせれば、考え方の根本が間違っている。

小学校英語は、開始時期を母語に近づければ学習効果もそれだけ高いはずだという発想である。中学校英語ではだめで、小学校におろして楽しく触れさせていれば何とかなるという安易な考えである。何とかなることは、決してない。英語が生活の言語でない上に、生徒の意志と努力を消し去ろうというのであるから、うまくいく道理がない。言語の習得にとって最も大切なのは、学習する側の主体性である。

†私の勧める勉強法

これから紹介する勉強法は、自分自身の外国語学習の経験から導き出したものである。読者は、これまでの論述から、私の勧めるのは努力と忍耐を求める勉強法に違いないと想像されるだろう。その通りである。その通りであるが、私の求めるのは努力であっても苦痛ではない。

ここまで、英語は努力して学習すべきものと述べてきたが、それは、闇雲に刻苦勉励すればいいという意味ではない。辞書を一ページ覚えるごとにそれをちぎって食べたという昔話もあるが、暗記して呑み込んでも吐き出せなければ使えない。そんな努力をしろと言っているのではない。勉強は、どんなものでも知的な楽しみを与えてくれるものでなくてはつまらない。知的な楽しみは、合理的と同義である。以下、私の考える合理的な勉強法を箇条書きにすれば、全部で一〇項目になる。大きな原則が三つ、項目別の原則が七つである。

【大きな原則】

暗記をしない

英語（外国語）学習に暗記は禁物である。暗記は、近道のように見えてそうではない。一夜漬け型、単語帳型、文法公式型、会話例文型など、暗記の対象となりやすいものは英語学習の中にたくさんある。英語は暗記科目などという教師もいるくらいだから、とにかく暗記しなくては話にならないと思いこんでいる人も多いだろう。しかし、私の学習法では、暗記は厳禁である。理由は、簡単である。覚えたものは、思い出さない限り使えない。滅多にない英語使用の場面で、昔覚えたものをとっさに思い出すことなど、誰にとっても簡単ではない。特に、A＝B式の短絡的な暗記の場合、長期記憶にはまったく向かない。その努力のむなしさは、一夜漬けの勉強で経験した人も多いはずである。とっさに使えるようになるためには、英語を身体にしみこませておかなければならない。基底能力（第二章）が大きくなっていなければ、実際の運用能力はおぼつかない。具体的な注意については、項目別の原則として説明する。

短期集中を目指す

英語（外国語）学習は、短期集中を原則とするのがよい。三ヶ月なり六ヶ月なりの適当な期間、大袈裟に言えば、朝から晩まで英語を勉強するのがよい。五章で紹介したASTPは、その模範例である。学生の場合、休暇を利用すればよい。私は、新しい言語を勉強する場合、およそ三ヶ月間、一日五～一〇時間の学習を目安にする。テキストと発音がわかるテープがあれば、教師はいなくてもよい。方法は、四技能など全てを働かせながら、基礎的な文法や会話、発音などがすべて含まれているテキストを通読する。二〇レッスンのテキストなら、一日、二～三レッスンとして一週間から十日、長くても二週間あれば一通り読み終える。発音はもちろん、出てくる単語や文は、すべて書きながら練習する。覚えないのが原則なのだから、読み捨て、書き捨てで、記録には残さない。同じテキストを使って同じ作業を五回ほど繰り返す。二度目、三度目と回数が進むに連れて、所要日数は短くなる。経験から言えば、五度目になると、四、五日でテキスト一冊の作業を済ませることができるようになる。これを一定期間でやり通せば、テキストに書いてあることは、大抵頭に入ってしまう。何度も発音するから、口は自然に音を覚える。何度も書くから、手は自然に文字を覚え、綴《つづ》りを覚える。こうして身体に染みついた知識や技能は、容易なことでは身体から離れない。数ヶ月ブランクを置いて再開しても、すでに安定している知識や技能はすぐに甦ってくる。

　中学校や高等学校、あるいは語学学校の授業の場合、同じことを期待しようとすると家庭での学習を工夫しなければならない。右に述べたような作業は、よほど計画的に努力しなければ不可能である。学校の授業の進度は、短期集中用になっていないからである。その意味から言っても、言語の勉強は自学自習が最もふさわしい。学校は参考書代わりに使うのがよく、学校をあてにしすぎると、お金や時間ばかりがかかって実際の効果はあがらない。

負荷をかけすぎない

英語（外国語）学習にあせりはよくない。やさしいものを何度もくり返すことを基本にするのがよい。ただし、学習には、負荷が必要である。自分のわからない単語や新しい構文などが少しずつ追加される必要がある。その程度は、個人差があるため一まとめにして言いにくい。リーディングのテキストを例に参考意見を述べるなら、新出語は一ページ（二〇行くらい）に二、三個が適当かと思う。一ページに知らない語が五個以上もあれば、テキストを変えた方がよいだろう。リーディングには、ある程度のなめらかさとスピードがあった方がよいからである。その意味で、最初に述べた方法、すなわち、同じテキストを五度くらい繰り返して使用するというのは、知識や技術の安定化と共にスピード感を養う意味からもよい。いずれにしても、負荷は必要だが、無理のないものであるよう調節するのがよい。要は、自分の力にあったテキストを選ぶことである。そして、自分の力にあったテキストとは、ある程度のなめらかさとスピードを確保できるテキストのことである。

以上は、私の勧める英語学習の大きな原則である。これから述べる項目別の原則は、すべて、この三つの原則を念頭に置いて書かれている。

【項目別の原則】

発音

発音の要諦は、第一に、自然さである。無理に力を入れたり、顔を歪めたり、変に巻き舌にしたりする必要はない。英語の音は、日本語の音とは違っている。調音の習慣が違うのである。だから、英語の発音は、われわれにとっては不自然なものである。しかし、英語の音は、英語のネイティブ・スピーカーにとっては自然なものの筈である。その理屈から言えば、自分の発音に力や意識が感じられるうちは、まだ改良の余地があると思わなくてはならない。英語を話していて、自分の発音が意識されなくなったら、自然な発音になったという証拠である。無駄な力がぬけたというわけである。

発音の要諦の第二は、正確な調音である。速さは後回しにして、正確な発音を心がけるべきである。正確な発音が楽に出来るようになれば、スピードは自然に増してくる。最初は、全ての音が安定するまで、丁寧に発音するとよい。

最後にもう一つ、発音はわかりやすくなければならない。上手な発音は英語力全体とも関係があるから、発音だけが上手になるということは起こらない。だから、最初から上手な発音を目指すより、ごまかしや気取りのない発音を心がける方がよい。どんな相手にもわかりやすい素直な発音がよい。

語彙

単語の学習は、面倒である。何より、相手が多すぎる。だから、当面必要な単語（試験用や会話表現）を暗記しようとしがちである。だが、それは、避ける方がよい。重要な単語を単語帳に書き出し、脈絡なく覚えてしまうという勉強法が最もよくない。それに、そのような方法で覚えられる単語には限りがあり、また、いくら繰り返してもすぐに忘れてしまうものである。

中学生や高校生の読者のために一言添えるなら、教科書に出てくる新しい単語は、できるだけ意味を書き留めないのがよい。註書きはどうしてもというものにとどめて、頭に入りやすそうなものはそのままにしておくのがよい。忘れたら、また辞書を引くことができる。同じ単語を三、四回引けば、覚えようとしなくても記憶に残るものである。それと、電子辞書は大いに活用するとよい。ジャンプ機能は、私も気に入っている。暇なときに、あちこちにジャンプしていろいろな単語の説明を読むと意外な知識が身につくものである。辞書は、引くというより、読んで楽しむくらいの方が英語の勉強にはふさわしい。

単語も覚えるのではなく、身体に染みこませなければ実際の役には立たない。単語を習得する良い方法は、読書である。基礎的なレベルでは、テキストの単語に繰り返し触れていれば間に合うので、特に何かをする必要はない。テキスト以上の語彙力を目指す人には、読書が最も効果が高い。読書は、無限の反復を約束してくれる。その際も、語句を覚えようとする必要はない。ただ、読書そのものを楽しめばよい。読む本は、自分の好きなジャンル、たとえば生物の本とか子ども向けの本とか、何でもよい。ついでながら、全体的語彙力を高めたいと思う上級レベルの人は、たとえば小説を例に取れば、いろいろな分野を網羅するとよい。刑事物、経済小説、歴史物語、戦争物語、旅行記、自伝などいろいろな分野のものに目を通すとよい。初級や中級のレベルでは、原作をやさしく書き直した小冊子形式の本が数多く出版されている。

文法

言語の学習は、文法の学習であると言ってもよい。文法は、それほど基本的なものである。英語ができるようになるためには、英語の文法を習得しておかなければならない。それも、仮定法は面倒だから止めておこうとか、関係詞はわからないとか言ってはいられない。全てを知っておく必要がある。

「ならやめた、もうあきらめる」などと言わないで欲しい。文法の勉強は、そんなに面倒なものではない。発見的に学習すれば、楽しいくらいのものである。中学校や高等学校でずいぶん苦しめられたから、文法と聞くと面白くないものという印象があるかも知れない。

しかし、それは、英語の文法が悪いのではなく、教師の説明がまずかったのである。to＋不定詞の三用法を例に文法の捉え方を考えてみよう。

不定詞の三用法とは、名詞的用法、形容詞的用法、副詞的用法の三つであり、副詞的用法は、さらに目的、原因・理由、結果に分けて説明されることが多い。年輩の読者の方も、そう言われればそうだったかなと思い出されたに違いない。私の言う文法の勉強とは、このような説明を覚えることではない。私に言わせれば、これは文法的説明ではあっても文法ではない。これは名詞的用法、これは副詞的用法の目的といくら理解してもそれで英語が使えるわけではない。私は、このような用法区分は、文法の研究家には意味があるかも知れないが、英語の学習者には害があっても利はないと考えている。それに、英語のネイティブ・スピーカーは、こんな用法を心得て英語を話しているわけではない。to＋不定詞に関する彼らの文法は、一つである。すなわち、「これからすること」について話したいときに用いる表現形式の一つ、これがネイティブ・スピーカーの感覚である。少しだけ例を挙げて、「これからすること」の意味を説明しよう。カッコ内は、訳例である。

want to swim this afternoon（昼から泳ぎたい）

books to read（読んだらいい本、読まないといけない本、これから読む本）

go to see the festival（祭りを見に行く）

To see her is to love her.（会えば一目で彼女を好きになる）

to＋不定詞が、いずれも「これからすること」について語っていることがわかるだろう。そして、それこそが、to＋不定詞の文法なのである。そのように理解しておけば、あとは練習次第で to＋不定詞が使えるようになる。～用法など、不要であることがわかるであろう。私の言う英語の文法とは、このようなものをさしている。不定詞に限らず、あらゆる面で同じような捉え方ができるのだが、ここではそれを紹介する余裕がない。また、同じようなことを全ての先生が説明してくれるわけではない。大切なことは、いま示したような大きなルールを自分で発見するように努めることである。教師の説明を待っているだけでは、新しい発見はなかなか訪れない。

リスニング

リスニングは、文字通り、耳を澄ませて聞き取る姿勢が大切である。漫然とテープを聞いていては、リスニング能力は身につかない。英語のテープをバックグラウンド音楽のように流すのがよいとか、聞くだけで英語ができるようになるといった話を聞くが、信じない方がよい。分からないものをいくら聞いても分かるようにはならない。それよりも、真剣に聞くのがよい。自分の力に合ったレベル（少し負荷が必要）のテープを選び、必死で聞くのがよい。テープを文字に書き取る作業も有効である。聞きながらすぐに書き取れるまでになると理想的である。リスニングの練習方法はいろいろあるが、中級あたりまでは、これで十分である。

スピーキング

スピーキングの練習で注意しなければならないことは、やはり、暗記である。会話テキストを丸暗記してはいけない。そもそも、会話教材は、英語の学習に不向きである。場面が特徴的に限定されているため、使われている単語や表現を別の場面に置き換える作業が難しい。それらを応用できるのは上級レベルの人で、初級や中級では会話教材をできるだけ避けた方が学習効果は高い。ところが、会話ができるようになりたいと思っている人は、会話文を覚えるのが早道だと錯覚している。最近の中学校の教科書は、会話がふんだんに取り入れられているから、なおさらそのような印象を与える。

文法よりも英会話という俗な意見があるが、とんだ勘違いである。文法がなければ、会話も作文もあったものではない。スピーキングの基礎は、文法的な力、すなわち、単語を組み立てる瞬発力である。単語をつなぎ合わせる文法力と感覚、基礎的な発音訓練などを十分に積み重ねていれば、瞬発力は自然に養われる。リスニングにしろスピーキングにしろ、そのような能力が独立して存在するわけではない。すべては、英語力としての総合的な力である。しっかりとした文法や語彙の力は、あらゆる技能を支えてくれる。会話教材に頼らなくても、基礎訓練をつめばスピーキングの能力は自然に発揮できるようになる。

リーディング

リーディングには、速読とか精読とかの区分があるが、ここでは、単純に英語を読みとる力と考えよう。読みの能力を伸ばす一番良い方法は、本を読むことである。そして、本を読む作業は、発音や語彙、文法などに直接、間接に関わっている。初級の学習者の場合は、入門テキストの範囲をしっかり勉強することが大切であるが、できるだけ早い段階で読み物教材に取り組むとよい。最終的な英語力は、読書量と高い相関がある。それは、母語である日本語を想像すれば理解が容易であろう。本を読む人と読まない人とでは、話し言葉の内容はもとより、表現力においても大きな違いがある。さらに、読書を通して培われた英語は、簡単には忘れない。書き言葉の大切さは二章で取り上げたので、ここでは繰り返さない。

ライティング

書く作業も、英語の力を伸ばすためには大切である。書くのは面倒だといってこれを避ける人も多いが、書く作業には学んだ英語を安定させる作用がある。初級の段階では、テキストを書き写すとよい。中級くらいになると、リーディングのテキストを翻訳し、それをもう一度英語に返す（反訳）のも効果的である。初級の段階では、手紙文や日記文の形式にこだわる必要はない。単純に、単語レベル、文レベルの書き写し作業から始めれば十分である。さらに、テープを書き取るリスニングの練習と兼ねてもよい。こうした積み重ねは、やがて、創造的なライティング能力に発展するだろう。手紙文や日記文、さらには紀行文のようなものが自分で書けるようになれば、スピーキングなど他の能力も高まっていると考えて間違いない。

以上、思いつくままを書き並べる結果になってしまった。紙幅の関係で、十分な説明ができないのは心残りである。ただ、むやみにこまごまと説明するよりは、要点だけにとどめる方がかえってよいのかも知れない。また、便宜上、いろいろな技能に分けて説明しているが、英語の力は、リスニングとかスピーキングに分けられるものではない。全ての技能は、相互に関連している。よく、自分は読むのは得意だが話すのはどうもと言う人がいるが、それは誤解である。その人は、読む程度にしか話せないのである。あるいは、読む程度に話すことができるはずである。本当に読む力があれば、話すのは少し練習すれば相応の能力となって現れる。文法はできるが、話せない、読めないということもない。しっかりした基礎があれば、どんなことでもできるようになる。全ての技能は、互いに関連しているのである。

これは、大切なことである。とくに自分の会話力を嘆いている中学生や高校生の方には、示唆的である。先程述べた基礎訓練を積み重ねていれば、必ず英語が話せるようになる。ただし、英語に限らず、言語の学習には時間がかかる。一年や二年でできるようになると思わない方がよい。この章のテーマにあるように、英語は教えることができないかも知れないのである。それは、学習する側から言えば、教師に頼っているだけではだめだということであるから、呑気に構えていてはいつまで経っても英語ができるようにはならない。学生の場合は、幸いなことに長い休暇がある。英語の学習にこれを利用しない手はない。私の勧める英語学習に従えば間違いなく英語ができるようになる――と言うほどの勇気は、私にはない。ただ、英語の学習を学校や学習塾に任せっきりにするのは、間違いである。それは、自信を持って言うことができる。

あとがき

私は、この本を、英語教育に関心を持つ全ての方に読んでいただきたいと思っている。本を書く者としてはごく平凡な希望であるが、私の希望の中には、中学生や高校生も含まれている。

この本は、タイトルに見る通り、英語教育についての話である。しかし、私は、執筆に当たって、中学生や高校生をかなり意識していた。これから英語を学ぼうとする若い人たちに、ぜひ考えておいてもらいたい問題を取り上げたからである。だから、専門用語は可能な限り避けることとし、論述は平明を心がけた。本当は、小学生にも読んでもらいたいくらいであるが、さすがにそこまでやさしくは書けなかった。

私がこの本でとくに訴えたいことは、まず、英語に対する思い込みを捨てていただきたいということである。この本で取り上げられている問題は、比較的広範囲に渡っているが、その一つ一つに思いがけない先入観が入り込んでいる可能性がある。そのような先入観あるいは偏見をひとまず捨て去って、冷静な視点で英語と自分との距離を見直していただきたいと思っている。

英語教育、学ぶ側からいえば英語学習は、これまで漫然と行われていたところがある。何となく教え、何となく教えられて戦後の六〇年が過ぎてしまった。その間、国際化だグローバリゼーションだインターネットだと、世の中はいつの間にかひどく騒々しくなってしまった。その騒々しさに輪をかけるように、外来語が飛び交い、小学校英語の必要が叫ばれている。日本人の英語下手は、昔から話題に上っていたが、ここに至って日本発展の大障害のように見られ始めた。いまの日本はその英語下手が築き上げたものであるのに、そんなことはお構いなしの大騒動である。まるで喜劇の世界であるが、演出家も演者も至極大まじめだから事は厄介である。

この本は、批判と啓蒙の書である。自分で啓蒙の書などというのは、自らの蒙を証明するようで恥ずかしい限りであるが、ほかに適当な言葉を思いつかなかったのでお許し願いたい。同時に、私は、現在の英語教育は、啓《ひら》くべき蒙に満ちていると思っている。「蒙」とは「暗い」という意味であるが、文字通り、英語教育は暗さがいっぱいである。それは、教える側も学ぶ側も同じである。こんなことを言うと、何を言う、明るく楽しくやっているぞ、と憤慨される方もいると思う。私が暗いと思うのは、教育現場の実践活動そのものではなく、その活動を支え、英語教育を動かしている根本の考え方についてである。もちろん、私の方が間違っている可能性もある。この本をお読みになって、なお憤慨が治まらないという方は、どうか忌憚《きたん》のないご意見をお寄せいただきたい。

最後に、本書の編集を担当してくださった伊藤大五郎氏に感謝しなくてはならない。本書の出版は、拙著『言語政策としての英語教育』（溪水社、二〇〇三）がきっかけになっている。右の本を読まれた伊藤氏が、その内容に興味を覚えられ、新書執筆の話を持ちかけてくださったのである。

そのこともあって、本書の一部は、『言語政策としての英語教育』と内容的に重なっている。もっとも、本書は、全体としては新しく書き下ろしたもので、読み比べていただければ、まったく別な本になっていることに気づかれると思う。ただ、私が訴えたかった点は、両者に共通している。一言で言えば、日本の英語教育制度の建て直しである。その意味で、この提言が新書という形でより多くの読者の目に触れるようになったのは、私にとって望外のことである。また、伊藤氏には、執筆に際して、幾度となく丁寧な助言をいただいた。併せて、ここに謝意を表する次第である。

二〇〇四年一一月　　山田雄一郎

【参照文献】

Edge, Julien, 'English in a new age of empire,' *The Guardian Weekly* (on line), April 15, 2004

ジョージ・リッツア『マクドナルド化する社会』、早稲田大学出版部、一九九九

和田稔「公立小学校の英語教育―その論点を整理する」『現代英語教育』三三巻二号一七～一九ページ、一九九六

Wade, Graham, 'World at their feet,' *The Guardian* (on line), August 18, 2001

田中克彦『ことばのエコロジー――言語・民族・「国際化」』農山漁村文化協会、一九九三

中村敬「この国を「米国ニホン州」にしないために」『週刊金曜日』一五七号、九～一二ページ、一九九七

茂木弘道『小学校に英語は必要ない。』講談社、二〇〇一

堀部秀雄「国際理解教育・異文化理解教育への異論」『現代英語教育』三五巻九号、二二～二五ページ、一九九八

Cummins, Jim & Merrill Swain, *Bilingualism in Education*, Longman, 1986

フローリアン・クルマス『言語と国家――言語計画ならびに言語政策の研究』岩波書店、一九八七

Smith, Anthony D., *The Ethnic Revival in the Modern World*, Cambridge University Press, 1981

Crystal, David, *Language Death*, Cambridge University Press, 2000

Said, Edward W., *Culture and Imperialism*, Alfred A. Knopf, Inc., 1993

藤田剛正「多民族国家ベトナム、ラオス、カンボジアの言語政策」河原俊昭（編著）『世界の言語政策』くろしお出版、二〇〇二

石塚雅彦「ここが変、日本人の英語観」『中央公論』五月号（通巻一四一〇号）、二二六～二三一ページ、二〇〇一

Scovel, Thomas, '"The Younger, the Better" Myth and Bilingual Education,' Roseann D. Gonzalez (ed.) *Language Ideologies: Critical Perspectives on the Official English Movement, Vol. 1*, New Jersey: Lawrence Erlbaum Association, Inc., 114-136,2000

國弘正雄『英語が第二の国語になるってホント!?』たちばな出版、二〇〇〇

ダグラス・ラミス、「イデオロギーとしての英会話」、『展望』、二月号、一一二～一二五ページ、一九七五
東北産業活性化センター（編）『国益を損なう英会話力不足——英語教育改革への提言』八朔社、一九九九
Rubdy, Rani 'Creative destruction: Singapore's Speak Good English movement,' *World Englishes,* 20, 3, 341-355,2001
Rai, Usha, 'Indian English ready for export,' *The Guardian Weekly* (on line), October 25, 2001
菅正隆「ＡＬＴが増えるのはいいけれど——声に出して読んではいけないＡＬＴ問題」『英語教育』五一巻十号、一六～一七ページ、二〇〇二
Darian, Steven G.' *English as a Foreign Language: History, Development, and Methods of Teaching,,* University of Oklahoma Press, 1972
デイヴィッド・クリスタル『地球語としての英語』みすず書房、一九九九
Djité, Paulin, 'The Place of African Languages in the Revival of the Francophonie Movement,' *International Journal of the Sociology of Language,* 86, 87-102, 1990
Harding-Esch, Edith & Philip Riley, *The Bilingual Family: A Handbook for Parents, 2nd edition,* Cambridge University Press, 2003
Howatt, A.P.R., *A History of English Language Teaching,* Oxford University Press, 1984
大谷泰照他『世界の外国語教育政策』東信堂、二〇〇四

ちくま新書
519

英語《えいご》教育《きょういく》はなぜ間違《まちが》うのか

二〇〇五年二月一〇日　第一刷発行

著　者　山田雄一郎（やまだ・ゆういちろう）

発行者　菊池明郎
発行所　株式会社 筑摩書房
東京都台東区蔵前二-五-三　郵便番号一一一-八七五五
振替〇〇一六〇-八-四一二三
装幀者　間村俊一
印刷・製本　三松堂印刷 株式会社
乱丁・落丁本の場合は、左記宛に御送付下さい。
送料小社負担でお取り替えいたします。
ご注文・お問い合わせも左記へお願いいたします。
〒三三一-八五〇七　さいたま市北区櫛引町二-六〇四
筑摩書房サービスセンター
電話〇四八-六五一-〇〇五三

ISBN4-480-06219-X C0282